ANICA MARKOV

UNA DÁLMATA
DE DOS CONTINENTES

EDITORIAL IPD
— IMPRESIÓN POR DEMANDA —

Caracas, Venezuela

**Una dálmata
de dos contimentes**

Título de la edición croata: Dalmatinka s dva kontinenta, 2022
Edición en español: 2024

Foto de la portada
Ivo Ravlić

Traducción
Anica Markov

Corrección de la prueba
Prof. Mercedes Sedano

Copyright © 2024 Anica Markov

Todos los derechos reservados.

ISBN:

A mis hijos, mis hermanas y mi hermano

Mi infancia y adolescencia eran como un velero que navega por el mar. Para mi velero hubo poco mar tranquilo. Él navegaba por mares inquietos, y a menudo mares agitados. De esto habla este libro.

CONTENIDO

AGRADECIMIENTOS 9

PRÓLOGO 13

MI NACIMIENTO 15

LA MUDANZA DE SPLIT 23

BETINA, LA ISLA DE MURTER 39

ŠIBENIK, MI CIUDAD 51

ANÉCDOTAS EN ŠIBENIK 57

COMENZARON LAS CLASES 71

LA HUIDA DE CROACIA 85

EXCURSIÓN AL EXTRANJERO 91

ESTADÍA EN MILANO 97

VIDA EN EL CAMPO DE REFUGIADOS 103

VIAJE A AMÉRICA 125

LLEGADA A CHILE 141

VENEZUELA – EL ÚLTIMO DESTINO 151

FIN DE LA ADOLESCENCIA 165

ACERCA DE LA AUTORA 171

RESEÑAS 175

AGRADECIMIENTOS

Muchas personas me ayudaron y me animaron que coloque sobre papel, en forma de un libro, mis ideas y pensamientos acerca de mi juventud. Considero que todos ellos son una gran bendición de Dios en mi vida. Sin ellos probablemente no hubiera podido realizar ese deseo mío. Ellos fueron los que me empujaron cual viento en mi espalda. Les doy las gracias por animarme, aconsejarme, apoyarme y fortalecerme. A todos ellos les debo mi gratitud. Espero no olvidar a nadie. A algunos de ellos va mi agradecimiento especial.

En esta traducción española del libro deseo dar gracias a mi amiga y colega, profesora Mercedes Sedano, por haber invertido mucho de su tiempo y su envidiale dominio de la lengua española a la corrección de la prueba.

Agradezco infinitamente a Marino Sržić, cronista, amante del patrimonio local y bibliotecario de la Biblioteca de la Ciudad de Makarska, por el entusiasmo con el que se adentró en la lectura de mi manuscrito y trató de convencerme de que el libro sería de interés para los lectores. Además de eso considero importante destacar que sin su apoyo técnico constante, orientación y consejos, sería difícil que mi libro viera la luz del día.

También agradezco a Ana Duvnjak, Directora de la Biblioteca de la Ciudad de Makarska por la confianza y colaboración expresadas.

Agradezco a Catherine Kapphahn, mi amiga y escritora de Nueva York, quien compartió conmigo parte de su gran experiencia en la edición de libros.

Igualmente agradezco a Gordana Popović, amiga de mi hermana Smilja y mí amiga también. Ella fue la primera persona que leyó mi manuscrito, me alentó en momentos de mi oscilación durante mi escritura y me dio fuerza para continuar.También le doy gracias por haber complementado algunos datos y refrescado mi memoria sobre algunas anécdotas de mis días de Šibenik, en las que ella también participó.

A mi amiga Sonja Lasan, de la época escolar de Šibenik, agradezco su ansiosa espera de leer este cuento mío lo más pronto posible.

Agradezco a mis sobrinas Alica Knezović e Inés Pšorn, que también han enriquecido mis recuerdos con las fotografías y complementaron algunos datos con base en sus relatos familiares.

Doy gracias a mi amigo Lucio Antonini, a quien sorprendí "on line" con la escritura de este libro y quien con gran placer enriqueció e iluminó mis recuerdos sobre el viaje en la ruta Nápoles-La Guayra en aquel lejano año de 1955. El creyó más que yo misma que lograría describir en un libro los recuerdos de mi juventud.

Gracias a mi buena amiga Jadranka Cvjetković, quien, con sus cálidas palabras, constantemente me alentaba y me brindaba apoyo en los momentos en que más lo necesitaba.

Y ciertamente gracias a mis hijos, a quienes sorprendí con este proyecto. Pero, cuando el manuscrito estuvo listo, rechazaron que se los mandara. Deseaban esperar el libro, ellos creían firmemente que sería publicado. Ellos saben mucho sobre mis días de juventud de los que a veces se hablaba en nuestra familia, pero estoy convencida que se encontrarán con muchas sorpresas.

Y por sobre todo debo agradecer a Dios, quien me acompañó en esta tarea y me dio la fuerza, la salud, el coraje y la perseverancia que me posibilitaron escribir este libro.

PRÓLOGO

Ahora que estoy en la edad en que la vida me ofrece más tiempo libre, la posibilidad de concentración y el deseo de escribir, decidí describir los recuerdos de mi infancia, que en forma de mosaico giraban en mi cabeza como un caleidoscopio. Un recuerdo traía a otro, y así los recuerdos se fueron acumulando. Decidí colocarlos en papel en forma de libro. No seguí la secuencia en que me venían en mente, sino que respeté la secuencia en que esos eventos sucedían en mi vida. Noté que había muchos recuerdos de mi vida y decidí limitarme a describir solo mi infancia y adolescencia.

Mi deseo es compartir mis memorias con otras personas, esperando que algunos las encuentren raras y otros, interesantes. Algunos recuerdos narran eventos comunes de la infancia, pero hay unos cuantos que son atípicos para personas jóvenes. En esa etapa de mi vida hubo muchos acontecimientos difíciles, al igual que muchos acontecimientos bonitos que estaban presentes en el camino de mi vida.

Desde la perspectiva de hoy día, los recuerdos de

los días difíciles me parecen más duros que cuando los estaba viviendo. Claro, era joven y en esos momentos tenía la esperanza de que todo eso fuera pasajero y terminaría mejor. Afortunadamente, hasta en los momentos difíciles uno consigue algo bueno y en ellos a veces se entrelazan pequeños momentos de alegrías y de felicidades que entonces engrandecemos y que hacen nuestra vida más fácil. Yo ni siquiera me imaginaba cuánto bien me trajeron todos los pesares vividos, cuánta fuerza, coraje, firmeza y perseverancia pueden darle esos pesares a los cuerpos frágiles, al espíritu y al alma de un niño.

Escribí estas memorias con la intención de que esta historia real les de esperanza, fuerza y fe a los lectores jóvenes, especialmente a aquellos que pasan por condiciones difíciles en sus vidas. Quizás también a algunos de los amigos que conocí en los años más maduros de mi vida les ilustre un poco mi infancia, que ellos desconocían.

MI NACIMIENTO

Todo lo que cuento acerca de mi nacimiento no es ficción, pero tampoco es una descripción exacta de mi venida al mundo. La descripción de mis primeros años de vida se basa en los cuentos que escuché a lo largo de mi vida, y así pude organizarlos en una descripción lo más cierta posible. El cuento de mi vida comienza alrededor de mi quinto año de vida en base a mis propios recuerdos. Pero también estos recuerdos fueron complementados, construidos y enriquecidos con los relatos y fotografías de que disponía.

Foto 1: Mi casa natal en Split (tomada en 2021)

Eso fue en el lejano año de 1938. En otoño, con más precisión, el día 19 de septiembre. Dicen que nací en el primer piso de nuestra casa de dos pisos en la calle Omiš no. 43, en el centro de la ciudad de Split. Podría decirse en una familia acomodada.

Eso debe haber sido mas o menos así: Nuestra familia estaba esperando el cuarto parto de mi madre. Ya había tres hijas: Dolores de 6 años, Zdenka de 5, y Smilja, que tenía algo más de un año. Se estaba esperando un hijo varón, porque ese era el deseo de mi papá. Es decir, mi papá, Špiro, como un verdadero dálmata terco, le dijo a mamá que tendría que dar a luz tantas veces como fuera necesario hasta que le diera un hijo varón, porque ellos debían tener un varón. Por lo tanto, se estaba esperando el nacimiento de un heredero varón al trono.

Foto 2: Mamá y papá en el paseo de Marjan, en Split, en 1936

Poco antes del mediodía llegó corriendo una mujer a nuestra casa. Ella era la partera. Entró corriendo al cuarto donde estaba acostada mi mamá. Mi papá le ordenó a nuestra ama de llaves que llevara a mis tres hermanitas al jardín de la casa. Les pidieron que jugaran en el jardín y que esperaran a que la cigüeña llegara a la chimenea y trajera una hermanita o hermanito.

Ellas jugaron mucho y esperaron, pero la cigüeña no llegaba a nuestra chimenea. Después de bastante tiempo, salió nuestro papá a la puerta de la casa y les pidió que entraran porque la cigüeña ya había traído a su hermanita. Esa era yo. Mis hermanitas se sorprendieron: ¿cómo era posible que la cigüeña hubiera llegado, si ellas no habían quitado los ojos de la chimenea durante sus juegos y no la habían visto? Corrieron a la casa y tuvieron que esperar bastante para que las dejaran entrar al cuarto donde estaban mi mamá, la partera y la hermanita, es decir, yo. Cuando por fin entraron al cuarto, vieron a la pequeña bebé toda envuelta en una cobijita, que ya estaba durmiendo tranquilita.

Sucedió de todo ese día en nuestra casa. Mi mamá, Magdalena, era infeliz. Enseguida de dar a luz se enteró de que había tenido otra hembra más, la cuarta. Pobre mamá, que sintió mucho desconsuelo. En vez de la gran alegría que produce el nacimiento de un niño, ella estaba triste y preocupada. La sola idea de pensar que había de dar a luz nuevamente le resultaba nada agradable. Justamente por eso, a mí me decían con frecuencia, cuando era niña, que mi mamá no me quería. Eso no era así, sin embargo: mamá nos quería a todas por igual.

A mi papá, curiosamente, le pasó algo completamente diferente. Quizás precisamente porque vio cuánto había sufrido mi mamá por haber tenido una hembrita, desde el primer día de mi vida yo me convertí en su niña mimada. Aunque él no lo manifestaba abiertamente, todos sentíamos que había esa predilección por mí. A pesar de ello, debo admitir que él fue justo con todas nosotras y que yo no disfrutaba de ningún privilegio debido a nuestra relación especial.

Sé algo más de ese suceso, claro, solo por lo que mis padres y algunos de sus amigos me contaron. Unos días después de mi nacimiento comenzaron a visitarnos las amigas de mi mamá, las vecinas y los parientes que deseaban ver a esa nueva bebé. Me dijeron que nací muy flaca, larga y amarilla. Tuve ictericia. En pocas palabras, fui una bebé pequeña y fea. Y las amigas que nos visitaban, paradas al lado de mi cuna, decían:

"Oh, Magdalena, qué linda es tu pequeñita, es muy guapa".

Puedo solo imaginar la expresión de la cara de mi mamá cuando le decían eso. Unas señoras más cautelosas y menos mentirosas le decían:

"Pobrecita, tiene ictericia, cuando eso se le pase, cuando

engorde un poquito y crezca un poco, verás, Magdalena, qué bella será tu pequeñita".

Pues así llegué yo a este mundo.

¿Y qué nombre me pondrían? Tenían ya el nombre para varón pero no para una hembrita. Entonces me asignaron el nombre de mi abuela Anica, la mamá de mi papá, quien se había muerto poco antes de mi nacimiento, en el pueblo de Murter, en la isla de Murter, donde ella vivía. Así que mi nombre es Anica. Pero eso solo oficialmente. Porque mis hermanitas, ese día en el jardín de nuestra casa, esperando el nacimiento del hermanito, estaban cantando una canción de cuna muy conocida en esa época. Esa canción se pasaba por boca de mamá a mamá, de abuela a abuela, y más tarde fue incluida en la literatura popular y oral croata:

Hubo una vez una mamá Kukunka
Hubo una vez un papá Taranta
y tuvieron al pequeño Yuyo.

Fueron a dar un paseo
al profundo río Nil
donde había un gran cocodrilo.

Y saltó el cocodrilo
del profundo río Nil
y se llevó al pequeño Yuyo.

Llora la mamá Kukunka,
llora el papá Tarnata
pues ya no tienen al pequeño Yuyo.

Les habló el cocodrilo,
Desde el profundo río Nil
Tráiganme un toro horneado.

Corre mamá Kukunka,
corre papá Taranta
y le traen un toro horneado.

Y les dijo el cocodrilo
Desde le profundo río Nil
Aquí tienen a vuestro Yuyo.

Se alegró Kukunka
se alegró Taranta,
pues ya tienen a su pequeño Yuyo.

De modo que mi nombre no-oficial fue Yuyo. Y así me llamaban todos los miembros de mi familia y los familiares con quienes estuvimos en contacto.

En realidad, de acuerdo con esta descripción, podría suponerse que yo sería una niña, joven y mujer despreocupada, discreta, mimada y probablemente feliz. Si en esos, mis primeros días, yo hubiera podido decidir cómo orientar mi vida, quizás habría aceptado todo eso y lo habría firmado. Sin embargo, el camino de mi vida fue diseñado de una manera algo diferente.

LA MUDANZA DE SPLIT

Yo tenía apenas tres años cuando nos mudamos de Split. Mi papá era un croata verdadero, sincero. Cuando vio que Dalmacia había caído bajo la ocupación italiana, él dijo que no quería vivir en una Dalmacia italiana. Y así, en 1941 nos mudamos a una Croacia croata. Papá quiso ir a Zagreb, pero no pudo conseguir un alojamiento para la familia. Por eso terminamos en la ciudad de Daruvar. Eso iba a ser provisional.

Nos instalamos en una casa de planta baja con un patio grande y cercado. Nuestra casa estaba al final de la calle. Del lado opuesto de la calle no había casas, sino un riachuelo. Nuestros vecinos eran dos familias que vivían en una misma casa. En la planta baja vivía una pareja mayor. El marido era dentista y nosotros, los niños, lo llamábamos señor Dentista. En la planta alta de la casa vivía una familia de tres miembros. Los padres eran oficiales partisanos y tenían una hija, Rosita, que tenía cinco años. Ellos iban frecuentemente a alguna parte uniformados. Se rumoreaba que iban a ejercicios militares partisanos. A veces Rosita también iba con ellos. En esos casos ella también vestía uniforme partisano. Nuestros padres nos tenían estrictamente prohibido hablar con Rosita sobre la guerra. Eso se respetaba. A nosotros, los niños, la guerra no nos interesaba. Yo disfrutaba cuando veía a Rosita vestida de partisana, inclusive con pequeñas botas militares en los pies y con un gorro en la cabeza. ¡Ay, cómo la envidiaba! No entendía por qué mis padres no eran como los de Rosita. En ese momento yo también hubiera querido ser una verdadera pequeña partisana.

Al llegar a Daruvar toda nuestra familia decidió que a mí no me llamaran Yuyo sino Anica, tal como estaba escrito en mi partida de nacimiento. De alguna manera, ese nombre fue cambiado por Anuša, tal como a partir de entonces me llamaron mis seres más queridos.

Foto 3: Mamá con sus cuatro hijas, Daruvar 1942. Smilja, Dolores, mamá, yo y Zdenka

En un tiempo muy breve mis padres hicieron amistad con algunos vecinos y nosotros jugábamos con sus hijos en nuestro patio cercado.

Un día, mientras mis hermanas y yo jugábamos en el patio, vi como nuestros vecinos partisanos estaban saliendo de su casa, los tres uniformados, inclusive Rosita. ¡Cómo deseaba yo ir también con ellos! Comenzó una fuerte lluvia y mis hermanas y yo corrimos a la casa. Entonces le confesé a mi mamá que yo también quisiera ir a los partisanos, igual que Rosita. Mi mamá se enfureció y me dijo que estaba bien, que me apurase y que me fuera con ellos. Rápidamente, furiosa, agarró una escoba que estaba al alcance de su mano, abrió el armario del pasillo, tomó una funda de almohada, metió un poco de ropa en ella, la empacó, y la ató al palo de la escoba. Me puso el bulto en el hombro, abrió la puerta y me empujó fuera de la casa, bajo la lluvia, gritando:

"Ya que tanto quieres ir a los partisanos vete, y enseguida. Apúrate para que alcances a tu Rosita".

Dio un trancazo a la puerta y la cerró con llave. Me eché a llorar y grité que yo iría a los partisanos, pero cuando dejara de llover. Me salvaron mis hermanas rogándole a mamá que me dejara entrar a la casa, que me iba a resfriar si me mojaba tanto. Ese día se me quitaron las ganas de ir a los partisanos. También reprimí mi envidia hacia Rosita después de ese encontronazo lluvioso.

Ese fue un gran trauma para mí en Daruvar. Pero siguió

otro más. Yo tenía cinco años. Era verano. Cada tarde después del almuerzo toda nuestra familia hacía la siesta. Mamá y papá en su cuarto y nosotras cuatro hermanas en el nuestro. Una de aquellas tardes decidimos salir a la calle por la ventana de la planta baja de nuestra casa, para que mamá y papá no nos vieran. Cruzamos la calle a la orilla del pequeño río, vestidas con nuestra ropa de dormir. Yo me puse de pie en un malecón pequeño de madera en el cual las mujeres lavaban la ropa en el pasado. De repente en esa calle solitaria apareció un muchacho que era algo mayor que nosotras, tenía quizás once o doce años. Se decía que él era sonámbulo y que a veces de noche caminaba por los techos con los brazos extendidos hacia adelante. El caminaba tranquilamente y yo grité:

"¡Allá va el sonámbulo, sonámbulo, sonámbulo!"

Él continuó caminando así, tranquilamente hacia nosotras y de repente corrió hacia mí y me empujó al pequeño río. Unos trescientos metros más adelante había un puente y, enseguida, detrás de ese puente había una gran rueda que daba vueltas y conducía a un molino donde se molía un cereal. Mis hermanas comenzaron a pedir ayuda. Nuestro vecino, al que llamábamos señor Dentista, estaba casualmente en su ventana y lo vio todo. Saltó por la ventana de la planta baja, corrió hacia el río, me agarró y me sacó del agua. Me sacudió los pies para sacarme el agua que había tragado. Llegaron los vecinos, llegaron mis padres, y !qué puedo decir! Tuve mucho pánico y fui salvada de casualidad. Debo admitir que después, en mi vida adulta, en momentos de mucha dificultad, que los hubo, lamenté que el señor Dentista me hubiera salvado.

Para mi mamá la vida en Daruvar fue difícil. Tuvo que convivir con personas que tenían costumbres completamente distintas. Comían diferente, tenían un horario diario diferente, diferente modo de hablar, muchas cosas diferentes. Con el tiempo se hizo amiga de algunas vecinas. De ellas aprendió a cocinar algunos platos típicos de la región de Eslavonia y ella les enseñó a preparar comida dálmata. Pero fue justamente en Daruvar donde nos sucedió algo maravilloso. En 1943 nació el muy esperado hijo varón de mi mamá, nuestro hermano, el heredero masculino de mi papá. Claro que todos nos alegramos de tener un hermanito. Nuestra mamá era especialmente feliz porque, como ya lo mencioné, nuestro papá deseaba fervientemente tener un varón. Él quería mucho a sus cuatro hijas, pero deseaba tener un hijo varón. Pues ese deseo se hizo realidad, y eso en plena guerra. Mamá estaba feliz porque sabía que ya no tenía por qué dar a luz de nuevo. En conclusión, todos estábamos felices.

Foto 4: Nuestra familia en Daruvar, 1943.

Ese mismo año, después de una estadía de dos años en Daruvar, otra mudanza. Esta vez fue el turno de la ciudad de Zagreb. Por las narraciones, sé que esa parte de Zagreb donde nos mudamos se llamaba Podvršje.

Yo era todavía pequeña y no tengo muchos recuerdos de Zagreb. Aún así, algunas cosas quedaron en mi memoria. Una de ellas fue una noche extraña. Estábamos en la Segunda Guerra Mundial, año 1943. A menudo teníamos que correr al sótano de nuestra casa debido a los bombardeos. Allí ya todo estaba arreglado para una permanencia temporal. Con otras dos familias de casas vecinas corríamos a ese sótano a la primera señal de las sirenas. Recuerdo un sofá en ese sótano, forrado en tela roja oscura, que miraba hacia la pared y estaba recostado contra ella. En ese sofá nos colocaban a los niños para evitar el peligro de que pudiéramos bajarnos y caminar por el sótano. A mí eso me parecía un lugar para jugar, no estaba consciente de ningún peligro.

Una vez la alarma sonó en medio de la noche y, mientras corríamos de la casa al patio para bajar al sótano, yo quise quedarme en el patio, desde donde podían verse infinidad de árboles de Navidad en el cielo, adornados con muchos colores que se encendían y apagaban. Mis padres me tomaron en sus brazos y me lanzaron al sótano. Esas eran bombas del enemigo. ¡Qué bueno es ser un niño pequeño! Mientras los demás sufren, se asustan, tú disfrutas.

Papá nos llevaba al teatro a menudo. Quizás por eso Dolores, nuestra hermana mayor, ya en Zagreb, aún muy joven, mostraba que tenía talento para la actuación, incluso para la dirección. Si bien eran tiempos de guerra, ella organizaba presentaciones teatrales en nuestro patio en la terraza, encima de nuestro garaje. Con el dinero que recibía para el pasaje diario en autobús para ida y vuelta del colegio, ella solía hacer a pie el trayecto escolar, y compraba materiales necesarios para la realización de esas presentaciones teatrales. Papá no estaba al tanto. Mamá sí lo sabía y le daba un poco más de dinero sin que papá lo supiera. Nuestra Dolores tenía una imaginación artística muy rica y extravagante. Ella hacía ese trabajo maravillosamente bien. Todo, desde los guiones, el maquillaje, la producción, diseño de vestuario hasta el arreglo del escenario. Esas eran presentaciones de conocidas obras infantiles clásicas, en versiones abreviadas. Ella siempre era la reina, princesa o algo importante. Los demás teníamos papeles secundarios. A mí siempre me tocaban papeles no envidiables de cenicienta, sirvienta, transeunte o algo así, quizás porque yo era la menor en nuestra familia. Dolores compraba papel crepé de todos los colores y con él fabricaba vestidos y sombreros. A mamá le tomaba en la casa todas las cosas que podía utilizar en su trabajo artístico. Recuerdo sobre todo cómo arreglaba nuestros peinados con papel de periódico, que cortaba en tiras largas de dos centímetros de ancho. Las enrollaba en forma de rizos con unas tijeras especiales de peluquería. Después las sujetaba en nuestras cabezas y, con mucha imaginación, mostraba nuestro exuberante cabello rizado. Conmigo no lo hacía, porque mis papeles no requerían un adorno tan bonito. Pero ella era tan buena que a veces durante los preparativos y ensayos me ponía ese adorno para tranquilizarme. Los niños de nuestro vecindario también actuaban y participaban en esos espectáculos. Cuando una obra estaba lista, todos los vestidos pegados, los sombreros acomodados y el escenario colocado en nuestra terraza, llegaba el público. Se trataba principalmente de madres, tías y abuelas de nuestras "actrices". Raras veces se acercaba algún papá o abuelo. Cada espectador tenía que traer su propia silla, que nosotras ayudabamos a colocar en filas en nuestra terraza. A la entrada del patio tenían que pagar sus boletos. No recuerdo cuánto costaban, pero no eran caros.

Primero, porque eran tiempos de guerra y también porque, después de todo, esas presentaciones no eran altamente profesionales. Nuestros padres pensaban que nuestra Dolores ya tenía asegurada su profesión cuando creciera. No les gustaba mucho esa idea. Pero, afortunadamente para ellos, esas fantasías suyas duraron solo dos veranos.

Una vez nos visitó nuestra tía Antica de Betina, de la isla de Murter, la hermana menor de mamá y nuestra tía más querida. Debo decir que quedó muy impresionada con nuestras actuaciones cuando asistió a alguna presentación.

Foto 5: Zdenka, tía Antica, papá, yo y Mirko en Zagreb, 1944,

Mamá nunca iba con nosotros al teatro, tampoco nos leía cuentos. Probablemente tenía muchas tareas domésticas con todos nosotros. Papá era el que a veces nos leía cuentos. Recuerdo muy bien un pequeño libro titulado "Estamos viajando". En la portada estaba un señor caminando por la calle que llevaba de la mano a una niña, quizás su hijita. Al terminar de leer ese libro, papá nos dijo que era muy bonito viajar y que nosotros seguramente haríamos muchos viajes. Pero, para que pudiéramos comunicarnos en los países extranjeros, era necesario hablar su idioma. Él hablaba italiano, pero consideraba que era necesario estudiar otros idiomas. Ese era un tema frecuente en nuestras conversaciones familiares. Aquel libro seguramente despertó en mí, ya en edad temprana, el deseo de viajar y de estudiar idiomas extranjeros.

Foto 6: Toda nuestra familia, Zagreb 1944

Ya a mediados de 1945 nos tocó otra mudanza. Esta vez a la costa, a Crikvenica. Tengo pocos recuerdos de Crikvenica. Sé que la pasamos bien. Desde el balcón del primer piso de la casa donde vivíamos teníamos vista al mar.

Foto 7: Mi cumpleaños número seis.

¡Mucha suerte para mí! Por fin comencé ir a la escuela. Ya yo estaba bien entrenada en escribir, y sabía los números, porque siempre fastidiaba a mis hermanas pidiéndoles que me enseñaran. Allá hice tres grados de escuela primaria.

Foto 8: Yo feliz en primer grado. En la fila superior, primera a la izquierda.

Sé que en Crikvenica mi hermana Smilja y yo hicimos la primera comunión. Ese era un secreto, no se nos permitía hablar de eso con nadie. Lo celebramos nosotros solos en nuestra casa, sin invitados. Todavía lamento que ese evento no haya sido celebrado ampliamente.

Foto 9: Smilja y yo el día de nuestra Primera comunión

También recuerdo que en verano íbamos a la playa, no lejos de nuestra casa, cerca del hotel Esplanade. Allá las cuatro hermanas aprendimos a nadar. Yo fui la última en aprender, pero unos años más tarde ya era la mejor nadadora de nuestra familia. Mis hermanas me llamaban Esther Williams, como la nadadora y actriz en las películas de Hollywood.

Nuestros padres querían que sus hijos aprendieran música. Compraron dos acordeones, uno pequeño y uno grande. Todos teníamos que aprender a tocar, aunque ninguno de nosotros mostraba ningún deseo de aprender a tocar el acordeón.

Foto 10: Yo (llorando) y Dolores con acordeón

En Crikvenica mi papá terminó en prisión. Nosotros no estábamos en casa cuando se lo llevaron. Solo por las lágrimas de nuestra mamá pudimos ver que había sucedido algo malo. Mamá trató de explicárnoslo. A mí me daba vergüenza decir que mi papá estaba en la cárcel, aunque mamá afirmaba que él no había hecho nada malo. Supimos que papá estaba en la cárcel de Fužine, en la región de Gorski Kotar. Mamá nos informaba siempre cuando recibía noticias de él. Supimos que, por buena conducta en la cárcel, fue nombrado proveedor de la prisión, y que todos los días iba en el camión de la cárcel a comprar víveres que se necesitaban allá. Eso significaba mucho para nosotros.

Como mamá no se podía quedar mucho tiempo sola en Crikvenica con sus hijos, hubo que hacer una nueva mudanza, esta vez a Betina, en la isla de Murter, a la casa natal de nuestra mamá. Así terminó nuestra estadía en Crikvenica.

BETINA, LA ISLA DE MURTER

A papá se lo llevaron a la cárcel, y mamá con los hijos llegó a su pueblo natal Betina, a la casa de su madre. La abuela Bárbara era viuda. En la casa vivían solo ella y Josip, su cuñado, el tío de mamá. Lo llamábamos Striko. Él era un solterón y tenía una edad avanzada. Decían que ninguna joven quiso casarse con él, porque cuando joven tenía asma, por lo que no pudo hacer el servicio militar. Striko era muy bueno. Él y nuestra abuela no se llevaban bien, siempre peleaban, pero se vieron obligados a vivir bajo el mismo techo.

Lógicamente, nosotros sentimos que no éramos muy bienvenidos. Éramos seis, sin nada excepto el poco equipaje que traíamos en nuestras manos. El acordeón no estaba en nuestro modesto equipaje. Mamá simplemente no tenía otra salida. Papá era también de la isla de Murter, pero del pueblo Murter. Sin embargo, mamá nunca tuvo buenas relaciones con su familia política, porque ellos estaban en contra de que mi papá se casara con ella. Había de por medio algunos malentendidos sobre la herencia, y muchas familias de Betina y de Murter estaban peleadas entre sí. A veces se trataba de unos metros cuadrados de tierra, un par de olivos, la parte de una casa y bienes similares.

Foto 11: La casa de nuestra abuela en Betina

Mi abuela Bárbara se encargaba de los trabajos del campo y del huerto y del arreglo de la casa. Striko preparaba la comida que cocinaba en olla de bronce a fuego abierto. Todos, excepto nuestra abuela, queríamos mucho a Striko. Él nos dio amor, sin hablar de ello. Recuerdo que cuando llegábamos del colegio o de la playa en verano, él nos esperaba y siempre tenía la comida lista para nosotros. Pero casi siempre, cuando nos servía la comida, solía decir:

"Disculpen, pero hoy tengo solo el caldo con pan para ustedes".

Ese era el buen pan duro, integral, hecho en casa, mojado con caldo hirviente, parecido al agua caliente con unas especies. Para nosotros eso era excelente. También nos pedía disculpas cuando nos esperaba con platos en los cuales había solo un poco de aceite de oliva casero sacado del gran envase de piedra del sótano de nuestra casa, vinagre casero y encima de una rebanada de aquel buen pan. Él no entendía que eso para nosotros significaba una verdadera delicia. Nuestra mamá se encargó de muchas tareas en la casa. Striko siguió cocinando, mamá no quiso ni siquiera acercarse al campo. De eso se encargaban Striko y la abuela, cada uno en su área. A mamá nunca le gustó trabajar en la tierra, cosa que su mamá le reprochaba. La llamaba "mi señora".

Al comienzo de nuestra calle había una casa grande, con un pequeño mercado de víveres en la planta baja. En el primer piso estaba ubicada la escuela primaria y un pequeño apartamento de nuestra maestra Ankica. Allí me inscribieron en cuarto grado de primaria. En ese colegio había un solo salón de clase. En Betina había pocos niños, de modo que la maestra Ankica enseñaba los cuatro grados de la escuela primaria y todo eso en un solo salón de clase común. Una semana en la mañana daba clases a los dos primeros grados y en la tarde al tercer y cuarto grado. La siguiente semana era al revés. Mi hermana Smilja estaba en el primer grado de escuela secundaria, y tenía que ir al colegio en el pueblo de Murter. Ella iba a pie con sus compañeros todos los días por un atajo a través de los campos.

Nuestra maestra de Betina pronto se hizo amiga de mi mamá, y ellas dos a veces organizaban actividades especiales para los alumnos de Betina. Se trataba de juegos, recitaciones, e inclusive actuaciones de unos cuentos sencillos. Yo era la recitadora principal. Excelente nota, solía decir la maestra.

Llegó el verano, las vacaciones de verano, el fin del año escolar. Nosotros, los niños, lo aprovechamos para bañarnos en casi todas las playitas en Murter y en Betina. Smilja y yo siempre íbamos en grupos con nuestras primas Ema y Mirjana, así como su hermano, a quien todos llamábamos Bile. Ema y Smilja tenían la misma edad, Mirjana era un año menor que yo, y Bile era un poco mayor que nuestro Mirko. Se nos unían otros amigos, casi todos familiares lejanos. Nos encontrábamos después del desayuno. Striko nos daba casi siempre una meriendita. Éramos un grupo feliz. Salíamos de casa vestidos únicamente con trajes de baño y un vestido o franela por encima. Entre una playa y otra nuestros trajes de baño se secaban. Corríamos, contábamos cuentos y chistes, nos reíamos y la pasábamos mayormente en el mar.

Foto 12: En una barca "prestada": En primera fila Mirjana, Mirko y Ema. En segunda fila yo, Smilja y Norina

Mirko a veces no iba con nosotros porque todavía no sabía nadar. Pero él se matriculó en la "Guardia de Bajlo". Esa Guardia fue creada por uno de los numerosos hijos de la familia más pobre del pueblo. Aceptaban solo muchachos. El mayor tenía como ocho años. Era el cuarto hijo de la modesta familia de los Bajlo. Mirko tenía que pagar una cuota de membresía cada mes, poquito. En realidad ellos eran muchachos buenos, que hacían unas pequeñas travesuras inocuas en el pueblo. El dinero de las membresías lo gastaban generalmente en helados.

En el trayecto de una playa a otra acostumbrábamos a cantar. Allí Smilja y yo aprendimos canciones burlonas tradicionales en las que los betiñanos se burlaban de los murterinos, y los murterinos se burlaban de los betiñanos. Nosotras nos considerábamos betiñanas por nuestra mamá, aunque papá era murterino. Con nuestros familiares de Murter, lamentablemente, no teníamos unas relaciones muy buenas. También aprendimos muchas palabras de la isla de Murter que nosotras desconocíamos. Seguidamente les muestro una de las canciones, abreviadas, que se cantaban en Betina. Las canciones de Murter ni las cantábamos ni las aprendíamos. Para cantar esas canciones se necesitaban solo unas cuatro notas musicales, de modo que todos éramos capaces de cantarlas fácilmente.

... las murterinas como peras podridas
y las betiñanas como hadas blancas.

Las murterinas cantaban esa misma canción un poco diferente:

...las betiñanas como peras podridas
y las murterinas como hadas blancas.

El pueblo de Murter tenía una sola iglesia, pero todavía no tenía campanario. Los betiñanos lo aprovecharon para cantarles así:

Los murterinos tra la la
le robaron corona a la Virgen.
La Virgen los regañará
y los zumbará al peligro.

Los murterinos cantarela
ni siquiera tienen campana
sino unas campanitas
que les guindan del trasero.

Entre los pueblos de Murter y Betina, cerca del cementerio del pueblo, hay una playa donde nosotros hacíamos investigaciones. Allá, en el fondo del mar, había unas ruinas de piedra que se decía provenían de la época de antiguos griegos, los cuales las abandonaron huyendo de los turcos. Esa bahía se llamaba Gradina. Cuando el mar estaba tranquilo y claro, nosotros buceábamos para encontrar algunas señales importantes. Nada de eso, solo unas rocas y una que otra columna. No logramos conseguir ninguna inscripción. Pero nuestros primeros baños diarios comenzaban justamente en Gradina. Después nos olvidábamos de nuestra investigación y siempre inventábamos algo.

Hacia el mediodía nos daba hambre. Un día estábamos paseando cerca del mejor huerto en Betina, el huerto de una tía de mi mamá, hermana de nuestra abuela, de nombre Vice. Ella no se había casado, era una solterona, como decían allá. El pequeño huerto tenía las mejores frutas y verduras pero eran solo para ella. Nosotros decidimos saciar nuestra hambre en ese huerto. Cada uno de nosotros comió alguna fruta, y todos cogíamos un tomate grande, de esos tomates tan buenos que nadie en Betina tenía. Nos sentamos en la grama y merendamos. ¡Qué merienda! Y la historia no termina aquí. Seguimos bañándonos en la playa más cercana. De regreso al pueblo, ese mismo día, pasamos por casa de la tía Vice y le dijimos que habíamos visto unos malandros, sentados en su huerto, comiendo sus frutas y tomates. Nos preguntó quiénes eran esos malandros y qué aspecto tenían. Y nosotros:

"...uno alto y otro bajito. El alto era rubio, y el otro no. Uno cojeaba un poco. No sabemos quiénes son, no los conocemos".

La tía Vice nos obsequió unos higos secos malos, sacados de su cofre. Se sabía que ella tenía ese cofre dividido en tres partes. En un compartimiento guardaba higos secos buenos, en el del medio higos medianamente buenos, y en el tercero, higos secos malos. Después de haberle contado muy seriamente aquellas mentiras a la tía Vice, tomamos nuestros higos, los arrojamos en el primer hueco en la calle siguiente y nos fuimos cada quien a su casa. Smilja y yo le dijimos a mamá lo que le habíamos hecho a la tía Vice. Su respuesta no nos sorprendió:

"!Bravo, hagan lo mismo mañana, pero solo en su huerto, en ningún otro!"

Disfrutamos del perdón de nuestra mamá. Esa fue la misma mamá que todos los días nos enseñaba a no robar y a no mentir. Esta vez le hicimos caso, y la escena del huerto de la tía Vice se repitió a menudo.

Terminó el verano, inolvidable verano para mí. Mucha libertad, amistad, nadar, conocer todas las playas en Betina y en Murter. Libertad en el verdadero sentido de la palabra. Eso fue posible solo en nuestra estadía en el pueblo. En la ciudad nunca lo hubiésemos pasado tan bien. Ese fue el mejor verano para mí hasta entonces. Se acabó el verano, no hay más baños en el mar. Pronto comenzarían las clases.

Un día mi mamá tuvo que ir a Split a hacer una diligencia. Se fue hasta Šibenik en barco, luego en autobús hasta Split. Regresó a Betina la misma noche. No estaba de humor para hablar. Solo unos días más tarde supimos qué fue a hacer ella en Split. Se había armado de rabia y de palabras ásperas, y en la cartera tenía las llaves de los dos apartamentos de nuestra casa de Split. Nos contó cómo había tratado de abrir con llave la puerta del apartamento en el primer piso, donde habíamos vivido antes de la guerra, hasta nuestra mudanza de Split. Cuando nos fuimos a Daruvar, ese apartamento quedó completamente amueblado. Pero la llave no le funcionó y decidió tocar a la puerta. Cuando la puerta se abrió apareció un señor, mejor dicho, un hombre. Él le preguntó de una manera severa quién era ella y qué quería. Puedo solo imaginarme cómo ella vertió sobre él toda su rabia. Él le gritó que él era un oficial y que ese apartamento le había sido asignado a él. Golpeó la puerta y el hombre no volvió a aparecer.

Luego mamá tuvo una escena similar en el segundo piso de nuestra casa. Ese apartamento estaba amueblado algo más modestamente. Allá se hospedaban nuestros familiares y amigos cuando venían a visitarnos. Nuevamente el golpe a la puerta, nuevamente la rabia, esta vez otro oficial con el mismo cuento.

No fue ese un día agradable para mamá. Pero así por lo menos demostró cuán desesperada y también cuán valiente y combativa era. Está claro por qué mamá no podía describirnos esos acontecimientos el mismo día en que regresó de Split. Ese viaje probablemente fortaleció a nuestra mamá, porque más tarde tuvo arrebatos similares en otras ocasiones. Sola con cinco hijos, el marido encarcelado, condenado injustamente, y ella prácticamente en la calle... Por lo visto, nuestra casa había sido confiscada, al igual que las dos tiendas que nuestra familia poseía en Split, una de zapatos y otra de telas.

Durante nuestra estadía en Betina, mis hermanas mayores Dolores y Zdenka se quedaron en Šibenik, donde se inscribieron en la Escuela Superior de Medicina. Zdenka, en primer grado y Dolores, en segundo, porque ella ya había terminado el primer grado en esa escuela. Consiguieron alojamiento en la residencia estudiantil situada en el mismo edificio donde estaba la escuela. El edificio estaba ubicado en la calle de la costa, detrás del hotel "Krka", el mejor hotel de Šibenik en esa época. Creo que ninguna de ellas hubiera escogido la enfermería como profesión, pero eso fue todo lo que se les ofrecía. No había muchas opciones para nosotros.

Una semana después del comienzo de clases, Dolores vino en barco a Betina y trajo una buena noticia para mamá. En el comedor de su escuela necesitaban con urgencia una cocinera. Mamá era una cocinera verdaderamente excelente para nuestra familia, nuestros amigos y huéspedes. Pero un comedor escolar era algo completamente diferente. Había que cocinar para un grupo más grande de personas. Mamá se fue con Dolores a Šibenik para ofrecer sus servicios para ese trabajo. Ya estaban allá dos cocineras jóvenes, profesionales, pero se necesitaba una cocinera principal. Mamá esperó que viniese el director de la escuela para que la entrevistara. Mientras lo estaba esperando, ella les dijo la verdad a las dos cocineras, que ella cocinaba bien, pero que eso no era su profesión y que nunca había trabajado en una cocina grande. Les explicó brevemente nuestros problemas familiares. Afortunadamente mi mamá les cayó bien enseguida. Ellas le dijeron que no se preocupara, que ellas cocinarían y ella aprendería con ellas y al mismo tiempo sería su jefa. Pues resultó bien: !mi mamá cocinera principal! Así, mamá se graduó en su nuevo oficio en solo una conversación agradable con dos profesoras de oro. Hay buena gente en este mundo, dijo mamá. La conversación con el director fue breve. Mamá consiguió el trabajo.

Así terminó nuestra estadía de un año en Betina. Otra mudanza más. Mamá estaba feliz de irse de Betina. Creo que nuestra abuela también estaba feliz de deshacerse de nosotros. Le quedamos agradecidos por habernos aceptado en los días difíciles, en los cuales para nosotros, los niños, seguramente hubo más alegría que tristeza. A pesar de que la vida en Betina no fue fácil para mamá, ella logró esconder sus preocupaciones para hacernos la vida agradable. Solo la cara flaca, vieja, arrugada y siempre sonriente de Striko reflejaba sincera tristeza por nuestra partida. En menos de una semana salimos de Betina y nos convertimos en residentes de Šibenik.

ŠIBENIK, MI CIUDAD

Nos mudamos a Šibenik solo unos días antes de comienzo del año escolar 1948. Llegamos en barco y trajimos nuestras modestas posesiones y algo de comida. Mis primeros recuerdos de Šibenik me llevan a un edificio grande en una fila de otros edificios en el pleno centro de la ciudad, detrás del hotel "Krka", en la calle Splitska no. 2. La gente de Šibenik llamaba esa calle *Del jardín hacia la parada de buses*. Allá estaba ubicada la Escuela de Medicina de la época. En las instalaciones de esa escuela nos esperaba nuestro alojamiento. Unas escaleras altas llevaban a la entrada del edificio. En lo alto de esas escaleras había una gran bola de piedra como adorno de la baranda. Desde allí se podía seguir para los demás edificios de ese lado de la calle, y en toda la baranda estaban esas bolas de piedra a una distancia de tres metros. En el primer edificio estaba la Escuela de Medicina. A través de una gran puerta de madera se entraba a un pequeño patio de cemento.

Había tres edificios interiores. Una escalera en el lado

izquiero conducía a los dormitorios estudiantiles en el primer piso. A veces vivían allá algunas estudiantes inclusive durante las vacaciones de verano, igual que nuestras Dolores y Zdenka. El edificio del lado derecho era la escuela. Había un gran vestíbulo en el cual estaba el escritorio y la silla del portero. Luego, en el centro de ese vestíbulo, había una puerta grande por la que se entraba al salón de profesores. A ambos lados, dos pasillos iguales conducían a los salones de clase.

Foto 13: Entrada a la Escuela de Medicina con la bola de piedra

Foto 14: Edificio de la Escuela de Medicina

Entre esos dos edificios había un patio que tenía una entrada al edificio del medio. Allí iba a estar nuestro nuevo hogar. Primero había un pasillo muy amplio. Recuerdo que el suelo de ese pasillo estaba decorado con cuadritos blancos y negros de unos 10 centímetros cuadrados. Del lado izquierdo, hacia la calle, estaba la puerta del baño con una ventana. Del lado derecho había una puerta de una habitación bastante grande. También allá había una amplia ventana que daba hacia el hotel "Krka". Esa habitación tenía que ser nuestro nuevo hogar. Yo llamé a esa habitación un apartamento. Esa habitación y el baño era todo lo que teníamos a nuestra disposición. Al final de ese pasillo había una cocina y más allá de la cocina había un comedor muy amplio. Ese era el lugar de trabajo de mamá. En verano nosotros utilizábamos ese pasillo como parte de nuestro apartamento, porque durante las vacaciones escolares la cocina y el comedor estaban cerrados. Mamá mudaba nuestro comedor al pasillo durante el verano.

Nuestra habitación tenía una ventana grande con vista al hotel "Krka". Mamá desempacó enseguida nuestras cosas y todas le ayudamos a colocarlas en el único armario que teníamos. También había dos camas. Mamá puso enseguida las sábanas en las camas, porque ya se acercaba la noche. Así, mi hermana Smilja se convirtió, no solo en mi hermana, sino también en mi compañera de cuarto y mi compañera de cama. En la mañana, cuando me desperté y me encontré en mi nuevo entorno, recordé todo lo que nos había pasado en los últimos dos días. Estaba feliz de que hubiéramos venido a vivir a la ciudad.

Al día siguiente mamá fue a comprar una cocinita, para poder preparar nuestra comida. También compró algunas necesidades básicas. Le dieron tres días libres para que nos acomodáramos. Al cuarto día asumió el cargo de cocinera principal "falsa". Dolores y Zdenka dormían en los dormitorios en el primer piso con las demás estudiantes. Pero el comedor escolar todavía no funcionaba, porque las alumnas no llegarían para el comienzo del año escolar hasta la semana siguiente. Esa es la razón por la que mis hermanas comían en nuestro apartamento gracias a nuestra mamá y su cocinita. Fue muy bonito sentarnos a la mesa todos juntos. Nuestros cuentos, nuestros sueños, todo eso sucedía alrededor de esa mesa pequeña. La bonita cara de mamá ya no temblaba y estaba de nuevo alegre. Ese fue su primer empleo, porque hasta entonces ella era solo nuestra cocinera y ama de casa. Lo poquito que teníamos era suficiente para que fuéramos felices.

Me enamoré de Šibenik a primera vista. Todo lo que vi los primeros días en esa ciudad ya me parecía bonito. El parque de Šibenik delante de nuestra casa, dividido en tres partes, que conducía desde la costa hasta la plaza principal, luego la misma plaza principal, la iglesia llamada *la Virgen fuera de la Ciudad* con su parque y una fuente pequeña en la que había grandes ranas. La gente que encontraba en el camino me parecía más alegre que los betiñanos y los murterinos. Me gustó todo, absolutamente todo. Esa ciudad me conquistó, se convirtió en mi ciudad desde el primer encuentro con ella.

Cada mañana le proponía a mi mamá ir a la panadería a comprar pan fresco, a fin de admirar esa bella ciudad en el camino. Poco a poco mamá iba convirtiendo nuestro apartamento en una vivienda agradable, dentro de lo que era posible en las condiciones del momento. Pintó las paredes, colocó cortinas, colocó algunos adornos en nuestros muebles modestos. El apartamento estaba adquiriendo una apariencia decente, pero debo admitir que la ciudad, mi nueva ciudad, era más bella, era bellísima.

Dolores y Zdenka estaban en su escuela, pero les parecía como si estuvieran con nosotros, porque vivíamos en el mismo edificio. Mirko por lo general estaba siempre con mamá. Smilja y yo comenzamos ir a la escuela secundaria de Šibenik, en la colina de Šubićevac.

ANÉCDOTAS EN ŠIBENIK

Nuestros primeros días en Šibenik eran extraños, confusos, apresurados, temporales. Hasta el primer domingo. Entonces comenzó nuestra nueva vida, nuestra vida cotidiana en la ciudad que pronto se convirtiría en mi ciudad.

Hubo bastantes anécdotas en nuestras vidas. Algunas alegres y agradables, y algunas no muy felices. Pienso que hubo más eventos buenos que malos.

Mamá comenzó a trabajar en su lugar de empleo. Cada día nos comentaba los incidentes y problemas que le sucedían en la cocina. Nunca se quejaba, aunque siempre estaba cansada. Sus dos colegas eran algo más jóvenes que ella, la trataban con respeto y comprensión y le ayudaban en todo. En lo que mamá necesitaba más su ayuda era en la cantidad de ingredientes para ciertas comidas, porque para ella no era fácil cocinar para un gran número de personas. Las dos empleadas siempre la animaban y se admiraban de sus conocimientos culinarios. Mamá obtuvo el título de jefe de cocina, y las dos mujeres que trabajaban con ella, el de sus ayudantes, aunque en realidad eran cocineras profesionales. ¡Nuestra mamá cocinera principal en la Escuela de Medicina en Šibenik! Sus ayudantes se encariñaron inmediatamente con ella, y también con nosotros, sus hijos. Pasados varios días le hicieron una propuesta. Dijeron que no tenía sentido que ella cocinara para nosotros en la cocinita en nuestra habitación. Le propusieron llevarnos todos los días el almuerzo a escondidas. Puesto que el supervisor solía pasar por allá una vez al mes, ellas aseguraron que alguien les informaría a tiempo de la visita, de manera que ese día mamá cocinaría para nosotros en nuestra habitación para evitar problemas. Otra vez falló esa filosofía de nuestros padres: no robar, no mentir. En esa oportunidad el pecado no era de mamá, ni tampoco de nosotros. Eso lo tenían que confesar esas dos buenas ayudantes de mamá. Por lo general, nosotros nos alimentábamos bien. Siempre había suficiente pan, y también había bastante alegría.

Mamá acostumbraba también ir al mercado a veces a comprar algo de comida para nosotros, que preparaba en nuestra cocinita. Varias veces se encontró en el mercado con su tía Vice, aquella señora de Betina, en cuyo huerto nosotros en verano robábamos fruta y tomates. Ella vendía verduras en el mercado de Šibenik, pero nunca le regaló nada a mamá.

Dolores y Zdenka eran buenas estudiantes. Nunca se quejaron de que estaban estudiando una profesión que no habían elegido. No tenían otra opción y se acoplaron bien en esa escuela. Allá tenían sus amigas, y nosotros estábamos con ellas todos los días. Dolores consiguió empleo en Rovinj, Istria, inmediatamente después de graduarse. También eso fue determinado por las autoridades, no fue su elección. Ella simplemente tenía que aceptar el empleo donde la mandaron. Un año más tarde Zdenka consiguió trabajo en Pula, también en Istria. Estaban relativamente cerca y se visitaban a menudo.

Zdenka era una persona especial. Ella era la más inteligente de todos nosotros, la única belleza en nuestra familia. Ella y nuestra mamá. Todo lo que Zdenka se proponía hacer, tenía éxito. En la escuela siempre sacaba notas excelentes. Ella no sabía lo que era una nota mediana. Sabía hacer manualidades, tejer, coser, cortarnos el pelo y arreglar nuestros peinados. También dibujaba muy bien. Una vez estaba dibujando algo a escondidas, debajo del pupitre, en la clase del profesor Skračić. Él se dio cuenta y continuó su clase paseando por el salón de clase. Cuando llegó al pupitre de Zdenka, agarró su dibujo y lo arrugó un poquito. Cuando abrió el papel, vio en él su propia imagen. Se le quitó el enfado y le dijo que continuara con ese dibujo, pero fuera del salón de clase. Así lo hizo ella y le regaló ese dibujo, que luego él enmarcó y colocó en el comedor de su casa.

En la primavera, para Smilja y para mí era un gran placer caminar descalzas por la calle, igual que muchos otros niños. Como mamá nos lo prohibía estrictamente, nosotras íbamos hasta la esquina de nuestra calle con sandalias, y, pasada la esquina, nos las quitábamos. Al regresar nos lavábamos los pies en una de las fuentes del parque que conducía a nuestra casa. Nos poníamos las sandalias y regresábamos a casa.

Un poco antes del verano siempre se abría en nuestra calle una pastelería pequeña, muy pequeña. Ese negocio se llamaba "*Donde el turco*". Oh, los helados eran demasiado caros para nosotras, y nosotras éramos muchas. Una noche salimos a pasear, como de costumbre. Smilja nos dio una sorpresa agradable. Dijo que tenía ahorrado un dinerito y que quería brindarnos helados en *Donde el turco*. Éramos un grupo de cuatro. Entramos en la pastelería y comenzamos a encargar, una sola bola para cada una, de vainilla, chocolate, fresa y finalmente Smilja también de chocolate. Cuando todas teníamos en nuestras manos los helados, Smilja apagó la electricidad en la tienda en el enchufe al lado de la puerta de salida y se hizo oscuro. En ese mismo instante ella gritó: "¡Muchachas corran! No tengo plata, corran rápido!" Y así, dos hacia el norte, dos hacia el sur. El pobre turco no sabía en qué dirección correr detrás de nosotras y así de esa forma nos salvamos. Pero los helados estaban sabrosos. El problema fue que después de eso, cuando íbamos a la ciudad o regresábamos, teníamos que pasar al lado de la tienda del turco. Por un tiempo nos tocó dar la vuelta por el otro lado de la calle para llegar a la avenida principal que conducía de la ciudad a nuestra calle.

Cuando llegó el verano y nuestras vacaciones escolares, volvió también el baño en el mar. Tuvimos que inventar una estrategia. Es decir, la única playa en Šibenik en esa época era la de Jadrija. Allá se podía ir solo con el pequeño barco que hacía la ida y el regreso a Jadrija diariamente. Y el boleto para cada viaje costaba dos dinares por persona. Impensable, pues, para nosotras. Sin embargo, nos las arreglamos. Las muchachas de nuestro grupo íbamos a la playa por la mañana y de nuevo por la tarde. Nos poníamos el traje de baño y, por encima, tan solo el vestido. Una de nosotras llevaba un bolso grande. Cuando el señor Jure iba por el barco a repartir los boletos y cobrar el dinero, nosotras lo esquivábamos y caminábamos alrededor del barco. Sabíamos que él nos veía y fingía no vernos. Šibenik era una ciudad pequeña y todos nos conocíamos. Lo que hacíamos era que en cada viaje comprábamos un boleto. Ese boleto lo llevaba en la mano una de nosotras, a la que le tocaba también llevar el bolso con todos nuestros vestidos una vez que nos los habíamos quitado. Y es que nos quitábamos el vestido todavía en el barco. Al desembarcar en el muelle de la playa había un portón donde el portero recogía los boletos que se habían comprado en el barco. Y así uno entraba a la playa. Nuestra estrategia era que, una vez que nos habíamos quitado el vestido y guardado en el bolso, saltábamos al mar y, nadando, evitábamos pasar por el portón y llegábamos a la playa. Entretanto, nuestra "jefa" entregaba el boleto en el portón y pasaba con el bolso lleno de vestidos. Y así, todo el verano. No éramos las únicas que lo hacíamos. Había más.

Después de terminar mi quinto año escolar, durante el receso de verano de 1953, tuvimos un gran evento agradable. La boda de nuestra Dolores. Ella conoció a su Vlado en Rovinj, donde trabajó como enfermera graduada, y su Vlado como médico ortopeda. Fue una ceremonia sencilla. Solo nuestra familia, Vlado y su padre, quienes llegaron el día de la boda en tren desde Sarajevo. Vlado y Dolores acordaron que, después de la boda, se mudarían a Sarajevo, donde vivían sus padres y donde Vlado consiguió trabajo en el hospital de Sarajevo. Vlado era hijo único y había pasado su infancia en Sarajevo. La boda fue en la Oficina Municipal. Mamá preparó un almuerzo excelente para todos nosotros. Lo sirvió en el pasillo grande delante de nuestro apartamento, donde siempre estaba aquella mesa grande que ella decoró. Colocó un mantel bonito, pero los platos y las ollas eran sencillos. Probablemente Ervin, papá de Vlado, estaba sorprendido de la pobreza en la que vivíamos. Pero él y Vlado, con toda seguridad, dejaron una imagen excelente en todos nosotros. Fue muy alegre, hasta cantamos un poco. Y al día siguiente se fue nuestra Dolores a Sarajevo.

Una anécdota desagradable nos sucedió ya en el primer año de estadía en Šibenik. Papá todavía no había regresado a casa. En nuestro pequeño apartamento nos desconectaron la electricidad, porque mamá no la había pagado. No pudo, no tenía dinero para eso. Era invierno y nuestra cocinita, que era nuestra única calefacción en el apartamento, claro, no funcionaba sin electricidad. Nos congelábamos. Entonces mamá dijo que iría a un sitio donde resolvería ese problema y que la esperáramos, que regresaría pronto. Tenía la cara descompuesta. Quedamos preocupados esperando que ella volviera. Y de verdad, regresó muy pronto, todavía furiosa. Nos dijo que no le preguntáramos nada, pero que pronto tendríamos electricidad. Y así fue. Solo después de unas semanas mamá nos contó lo que había pasado. Cerca de nuestra casa estaba la oficina de la empresa de electricidad. Mamá se fué directamente allá. En la entrada de la oficina estaba sentada la secretaria detrás de su escritorio. Mamá le había preguntado si el señor Lučev, el Director, estaba en la oficina. Sí, él estaba, pero tenía una reunión muy importante. Mamá se dirigió directamente a su oficina, aunque la secretaria trató de detenerla. Había varios funcionarios importantes en la gran mesa ovalada, y en la cabecera de esa mesa estaba el señor Director. Entonces mamá le dijo delante de todos los presentes que nos habíamos quedado sin luz y que si en media hora no volvía la electricidad, "usted será un hombre muerto mañana". Dio una vuelta y se fue. Todos los presentes la miraron fijamente. Cuando nos estaba contando eso, al Director lo llamó cobarde. Y era efectivamente un cobarde. Claro, la señora Magdalena era conocida por su valentía, a ella no la podían meter presa, porque su esposo estaba en la cárcel, y ¿quién alimentaría a sus tres hijos menores de edad? Por eso ella se sentía libre para ser valiente.

Nuestra mamá no era especialmente creyente. Ella no iba

a misa, o estaba demasiado ocupada o simplemente no quería. Pero nosotros celebrábamos todas las fiestas católicas. La Pascua de Resurrección siempre era celebrada especialmente. El día de Pascua, temprano en la mañana, las mujeres llevaban a la iglesia la comida típica de Pascua para bendecirla. Se solía llevar sobre las tablas de madera en las que se amasaba el pan. Esas tablas se cubrían con los más bellos mantelitos, bordados y almidonados, y en ellas tenía que haber pan de Pascua, jamón y cebollitas. Mamá definitivamente quería preservar esa costumbre tradicional. Yo me ofrecí enseguida para llevar esa comida a la iglesia de *La Virgen fuera de la Ciudad*, aunque esa iglesia quedaba en la plaza principal en todo el centro de la ciudad. Todos estaban felices de que yo me hubiera ofrecido, porque a nadie le gustaba que lo vieran en ese papel. Así eran los tiempos.

Y así se entrelazaban los eventos en nuestra familia.

Hacia finales de 1953 volvió papá de la cárcel. Eso fue una gran alegría para todos nosotros. Yo me sentí orgullosa, feliz y segura. Todos sentíamos que el papel del padre es importante en toda familia. Papá obtuvo un perdón, porque después de cuatro años pudo confirmarse que él no era un aprovechador de la guerra, sino que sus propiedades pertenecían a nuestra familia desde antes del comienzo de la Segunda Guerra Mundial. Mi papá conservaba ese documento como su "diploma". Por fin nuestra familia estaba junta, en una edición muy modesta.

Papá era un comerciante nato. Enseguida comenzó a pensar qué podría comprar y revender, para tener un trabajo, y también para contribuir al sostenimiento de su familia. Empezó a ir al pueblo de Vodice. Les compraba aguardiente a unos campesinos, lo llevaba a pie hasta Šibenik y allí lo revendía. Era peligroso cargar esa mercancía a Šibenik por barco, porque si lo agarraban sería declarado contrabandista, y eso era peligroso. Hacía algo similar con el aceite de oliva. No obtenía grandes ganancias, pero él sentía que por lo menos trabajaba. No podía conseguir un trabajo fijo.

Cuando comenzó el invierno, no salíamos mucho de la casa. Papá y mamá inventaron una diversión para nosotros y nuestros amigos. Jugábamos a la tómbola. Solíamos invitar a nuestras nuevas amigas Gordana y Norina. Gordana decía que estaba mucho mejor jugando en nuestra casa que en el cuartito con su tía. Nuestra habitación estaba llena de vida entonces. Papá consiguió ese juego y nosotros cubríamos los números con frijoles. Papá sacaba los números. Cada juego implicaba premios. Los premios eran caramelos. También hubo algunos problemas. Mi alegre hermana Smilja, cuando veía que yo casi ganaba una línea o la tómbola, a veces sacudía un poco la mesa con el codo y mis frijoles se mezclaban. A las advertencias de papá, ella siempre daba alguna excusa: le había dado tos, se le había dormido el pie, le dio frío..., siempre algo nuevo. Y así yo recibía un caramelo menos.

Nuestra Zdenka causó un gran problema en nuestra

familia. Se inscribió en el único partido político, el Partido Comunista. Nos lo informó cuando ya había recibido su libreta del partido. Para decírnoslo eligió nuestro almuerzo familiar dominical. Todos nos quedamos tiesos. Papá se puso pálido. Le pidió que repitiera esa declaración; fingió que no estaba seguro de haberlo oído bien. Y ella lo repitió un poco más fuertemente y todos lo oímos claramente. Primero hubo silencio, y luego se desarrolló una feroz pelea en la cual participaron solo papá, mamá y Zdenka. Los demás estábamos horrorizados, pero no dijimos lo que pensábamos para no aumentar el alboroto.

Esa ideología suya duró bastante tiempo, hasta su tercer año en la Escuela de Medicina. Se estaba eligiendo a la representante de toda la escuela. Había solo dos candidatas: ella y otra estudiante. Zdenka era verdaderamente la mejor estudiante en esa escuela, no había ninguna duda. La otra candidata no era tan exitosa, ni de casualidad, pero sus padres eran miembros del Partido. Dado que esa candidata fue elegida presidenta de la escuela, Zdenka se sintió decepcionada. Un día entró en el salón de profesores durante una reunión de profesores. Les dijo que estaba decepcionada por no haber sido elegida presidenta de las estudiantes. Fue a informarles que había oído que la razón era porque ella era "persona de una familia fascista". Agregó que precisamente eso debería ser una razón de más en su favor, y les aclaró que su familia nunca fue fascista, sino una verdadera familia croata. Tenía en la mano su libreta del Partido, la rompió delante de todos, la tiró al suelo y salió del salón de profesores. Ese fue un acontecimiento del cual se habló durante mucho tiempo, no solo en la escuela, sino también en la ciudad de Šibenik.

Quisiera describir acá otro evento muy interesante y bonito. Para mi cumpleaños número doce, papá me preguntó qué regalo me gustaría que me regalara. Le dije que no se preocupara por eso, porque no teníamos dinero. Él insistió hasta que averiguó lo que en realidad yo deseaba como regalo. Le advertí que él no podría satisfacer mi deseo, porque le saldría demasiado caro: clases privadas de idioma italiano con el profesor Zinotti. Papá aceptó enseguida hacerme ese regalo. Pero puso como condición que Smilja también asistiera al curso.

Y así fue. Íbamos una vez por semana al apartamento del profesor Zinotti, quien nos daba la clase en el comedor de su casa. Era un señor mayor, y nos parecía cómico, sobre todo a Smilja. A menudo ella me daba señales debajo de la mesa, y nos reíamos mucho en esas clases. Me gustó mucho estudiar un tercer idioma extranjero. En primer grado de bachillerato comenzamos a estudiar ruso como materia obligatoria. En segundo grado ya habíamos comenzado a estudiar inglés. A mí me gustaba mucho aprender italiano, pero mi hermana Smilja no estaba tan entusiasmada con aprender italiano y con frecuencia faltaba a clase; después de mi clase nos encontrábamos y regresábamos a casa juntas. Un día ella y

Gordana decidieron ir al cine en lugar de que Smilja fuera a clase de italiano conmigo. Quedamos en encontrarnos en el centro de la ciudad, en la parte sur de la plaza principal, cuando terminara la película, y volveríamos a casa juntas. Y así yo me quedé en la plaza, bajo un frío fuerte, esperando a que ellas dos aparecieran. Cuando Smilja y yo llegamos a casa, papá nos estaba esperando. Mandó a mi hermana a nuestra habitación y yo me tuve que quedar en la entrada del pasillo. Era obvio que había visto que yo estaba esperando a Smilja. Fue a la habitación donde estaba Smilja y ella admitió que ella había ido al cine y que solo yo había asistido a clase. Yo no sabía lo que ellos habían hablado. Papá salió, vino hacia mí y me preguntó si las dos habíamos asistido a la clase de italiano. Yo le dije que sí y tuve que repetirlo. Entonces, por primera y última vez en mi vida, me dio un correazo suave en las manos como castigo por haber mentido. Protesté porque no había castigado a Smilja, porque ella no había mentido. Después me quejé a menudo con mi papá, porque consideré que debió haber castigado a Smilja también, y más fuertemente que a mí, porque yo mentí para protegerla y esa parte de mi mentira la consideré positiva.

Para mi siguiente cumpleaños recibí un regalo similar y sumamente costoso. En esa oportunidad pedí clases particulares de francés con la profesora Gogolj, pero esa vez Smilja no estaba incluida.

En primavera de 1954 papá nos sorprendió con la compra

de un velero usado. Como no podía conseguir trabajo, se puso a arreglar el velero poco a poco. Cuando ya lo tenía bien arreglado, comenzamos a navegar cuando el tiempo lo permitía.

Cuando terminó el colegio, navegábamos casi todas las mañanas por el canal de Šibenik. A menudo nos acompañaban nuestros amigos. Papá nos explicaba todo lo que hay que saber para navegar: cuáles son las partes del barco y para qué sirven, cómo y cuando izar la vela y el foque, cómo llegar a la orilla, cómo lanzar y recoger la soga. Mirko y yo fuimos los que mostramos el mayor interés en navegar. A mediados del verano, cuando estábamos saliendo del velero, papá nos dijo que ya sabíamos navegar y que podíamos hacerlo solos cuando quisiéramos.

Eso fue una gran sorpresa para nosotros, porque él nunca nos había hablado de su intención. De modo que nosotros, los niños, navegamos hasta el final del verano, hasta el comienzo del año escolar. Mirko y yo éramos los marineros principales. Esa navegación nuestra produjo en mí un amor eterno por el mar y por los veleros.

Un día, cuando Mirko y yo regresábamos en el velero, papá nos esperaba para contarnos lo que le había pasado. Había llegado un "amigo" suyo para decirle que Mirko y yo estábamos navegando solos y que nos dábamos importancia porque navegábamos cerca del barco que transportaba pasajeros de la playa de Jadrija. Ese amigo pensó que papá no estaba al tanto, pero papá le dijo que estaba orgulloso de que nosotros todavía unos niños, navegáramos valientemente por el canal de Šibenik. A pesar de nuestra corta edad, papá obviamente tenía plena confianza en nuestras dotes de marineros.

COMENZARON LAS CLASES

Smilja y yo nos inscribimos en la escuela secundaria de Šibenik. Ese colegio estaba en la región de Šubićevac, una colina bonita en el norte de la ciudad. Durante la guerra eso era un hospital militar, un edificio enorme. Desde la calle principal hasta el colegio había unas escaleras largas, que están entrelazadas con unos caminitos serpenteantes rodeados de pequeños prados. Esos caminitos eran el lugar de paseo de los estudiantes durante el receso principal. Allí conocíamos a estudiantes de otras clases. Allí también hubo muchos enamoramientos e intercambio de papelitos con mensajes de amor. Pero eso era válido solo para los alumnos mayores, aquellos del séptimo y octavo grado. Las cabezas de nosotros, los mas jóvenes, estaban ocupadas principalmente con juegos, deportes y estudio.

    Mamá consiguió una costurera que nos cosió rápidamente uniformes escolares, los cuales eran obligatorios. Tenían que ser negros o de color azul marino. Mamá puso en nuestros uniformes negros unos cuellos blancos, ribeteados con un hermoso encaje. Nos compró los útiles escolares obligatorios, incluso maletines, que en Betina no usábamos. Por tanto, teníamos todo lo necesario para nuestro primer día en el colegio de Šibenik. Solo nuestro hermano Mirko, con apenas cinco años, no tenía que ir todavía a escuela.

Nos tomamos una foto con nuestros uniformes escolares y se la mandamos a papá. El lunes Smilja y yo nos dirigimos al colegio. Estábamos emocionadas, ese fue para nosotros el primer día en el colegio de Šibenik.

Foto 15: Smilja y yo en uniformes escolares y el pequeño Mirko

Veíamos grupos de alumnos, solo unos pocos caminaban solos, todos tenían su grupo. El camino hasta el colegio estaba hecho de losas de granito. Subimos las escaleras hasta la entrada principal del colegio. Como mi salón estaba en la planta baja, y el de Smilja en el primer piso, tuvimos que separarnos. Cada una se fue a su salón de clase.

Smilja estaba contenta con su nueva escuela. Ella consiguió enseguida su alma gemela, Gordana, su eterna y mejor amiga. La amistad entre ellas fue inquebrantable. Gordana vivía en la isla de Zlarin, pero en invierno pasaba bastante tiempo en Šibenik con una tía, porque cuando había vientos fuertes del sur o del norte, el barco de la línea Zlarin-Šibenik a veces no podía hacer la travesía. Smilja y Gordana, más adelante, pasaban bastante tiempo en la isla de Zlarin, en casa de la familia de Gordana, en realidad de su tía Bepa. La mamá de Gordana había fallecido cuando Gordana tenía solo cinco años y medio; su papá trabajaba como capitán de barco en el río Danubio y rara vez iba a la isla de Zlarin. Ellas dos eran buenas estudiantes. No se esmeraban mucho para lograr notas altas. Se conformaban con notas buenas, pero no muy altas. Tenían también otras actividades interesantes en el colegio y fuera de él. Les gustaba leer libros y su profesora de idioma croata las quería mucho. A menudo iban al cine.

El primer día en el nuevo colegio resultó inolvidable. Mi cabeza estaba llena de nuevas emociones. Encontré el salón de clase en el que estaba inscrita, vi que algunos alumnos ya estaban sentados en los pupitres, y otros permanecían de pie alrededor de los pupitres y conversaban. Me miraban raro. Claro, yo era la alumna nueva. Me senté en un pupitre que estaba en el medio de la clase. No saqué los útiles del maletín, aún era demasiado pronto. De repente todos corrieron a sus puestos en los pupitres, porque vieron que estaba llegando la profesora encargada de nuestro salón. Cuando entró, todos nos levantamos. Ese era el saludo habitual, una costumbre bonita que expresaba respeto. La profesora se presentó, dijo su nombre, y dijo que sería encargada de nuestro salón. Además, nos dictaría matemáticas. Abrió su diario, el libro grande de profesores, en el cual estaban inscritos todos nuestros datos. Por el momento allá estaban solo nuestros nombres en orden alfabético, y luego allá se pondrían nuestras notas de todas las materias. Ella comenzó a llamarnos para anotar nuestra asistencia a clase. Cuando llegó a la letra M, llegó mi turno. Me levanté, es lo que había que hacer. Me preguntó si yo era alumna nueva. Cuando se lo confirmé, me pidió que me dirigiera a todos con algunas palabras sobre mí. Comencé a hablar con voz temblorosa. Me sonrojé. Les dije brevemente quien era, de dónde venía (de Betina y de Zagreb), y que tenía una hermana en quinto año. Todos me miraban, algunos se burlaban. Me puse feliz cuando la profesora continuó llamando a los siguientes alumnos, y yo me senté en mi pupitre. Durante el receso supe por qué algunos alumnos se habían burlado de mí. Mi acento de Zagreb les parecía raro, eso me dijeron. Creo que ese no era el acento de Zagreb, pero yo después de eso traté de mostrar mi acento de Betina.

Al regresar del receso, comenzó mi primera clase de matemática en el colegio de Šibenik. Ese fue un acontecimiento muy diferente que aquellas clases en la escuela primaria de Betina. Allá también fue bonito y agradable, pero esto era algo diferente, mas serio, magnífico. Abrí mi maletín orgullosamente y puse encima del pupitre todas las cosas nuevas necesarias para cada materia de ese día. Después de algunas clases más me fui a casa a un ritmo acelerado, sola y llena de emoción. Mi felicidad no tenía límite. Tenía pensado contarle a mamá enseguida cómo había sido mi primer día en el colegio, pero ella estaba en su lugar de trabajo. Cuando apareció en la tarde en nuestro apartamento estaba demasiado cansada para escucharme. Y así fue siempre. Mamá nos dejó nuestros estudios y nuestras preocupaciones infantiles a nosotros mismos. No nos preguntaba por las notas y nunca podíamos expresarle nuestro orgullo de una nota buena o algún otro éxito, y mucho menos que le habláramos de nuestras inquietudes escolares. Estaba demasiado ocupada con todas las demás tareas y preocupaciones de nuestra familia. Tenía muchas.

La primera clase, a la mañana siguiente, era idioma inglés. Un señor mayor, de unos cincuenta años, entró a nuestro salón de clases. Cuando habló unas pocas palabras en inglés, quedé estupefacta. ¡Qué bien lo pronunciaba, pensé! No dejé de mirarlo durante los cuarenta minutos que duró la clase. Otra vez me sucedió amor a primera vista. Ah, ¡esa naturaleza mía enamoradiza! Esa clase fue un disfrute total. Enseguida me vino el deseo de que algún día yo pudiera hablar inglés como el profesor Zorić. Tenía la esperanza que las circunstancias de mi vida me lo permitirían. También me gustaron otros profesores y profesoras. Por ejemplo, el profesor de ruso, cuyo nombre no recuerdo, lamentablemente. Me gustó la profesora encargada de nuestro salón, quien nos dictaba matemáticas, y que no era querida por casi nadie, lo cual yo no entendía.

Hubo lamentablemente un profesor que no me gustó. No solo que no me gustó, no lo podía ver. Nos daba clase de dibujo. La tercera clase de cada miércoles venía a nuestra clase el profesor Kumar. Siempre traía en las manos muchos objetos, que nosotros algunas veces teníamos que dibujar en nuestros cuadernos de dibujo. A él no le gustaba cómo yo dibujaba. No le faltaba razón. Yo no era buena en esa materia, a diferencia de mi hermana Zdenka, que tenía talento para dibujar. Yo solo dibujaba bien cuando se trataba de líneas rectas, cuadarados, rectángulos y cosas similares. Pero cuando en la primavera el profesor nos sacó delante del colegio y pidió que dibujáramos el paisaje bonito que se podía ver desde allá, mi dibujo era feo. Gente grande, casas pequeñas, sin perspectiva, los árboles eran irreconocibles. Entonces se me acercó, levantó al aire mi dibujo y delante de todos se burló de mi trabajo. Me explicaba cómo con el dedo pulgar puede medirse la perspectiva correcta de los objetos que vemos. Pero, después de su burla a cuenta de mi dibujo, se me quitó el deseo de dibujar, de las perspectivas y de colores. Yo me convencí de que no tenía talento para el dibujo, a diferencia de mi hermana Zdenka. Con aquellos dibujos en los cuales mis líneas eran rectas y bien coloreadas, obtenía una nota mediana. Como mi nota de dibujo era siempre la más baja, al final del año escolar el Consejo de Profesores siempre decidía subir esa nota para que no afectara negativamente mi promedio final. Eso lo hacían con todos los alumnos que tenían una sola nota baja, y notas altas en todas las demás materias. Por eso el profesor Kumar, al final del año escolar, en el salón de clase, delante de todos los alumnos, se quejaba de que él sabía que mi nota iba a ser aumentada en contra de su voluntad. Puesto que en el libro de profesores, que ellos siempre traían al salón de clase, estaban anotadas todas nuestras notas, él podía saber que mi nota sería aumentada.

Ya ese año escolar comencé a escribir poesía. Escribí un poema dedicado a mi profesor de dibujo, que no era nada cortés. En una ocasión, durante el receso, les leí ese poema a mis compañeros. Aquí va el pequeño poema:

En la puerta aparece Kumar
como siempre, con cara rabiosa
primero se ve su barriga,
luego la pierna y el trasero.

En su cara están los lentes,

en las manos, el libro grande
donde poner nuestras notas
ese nuestro artista frustrado.

La clase dura mucho,
nosotros, pobres, esperando
con dibujos y colores
que la clase se termine.

A mi clase le gustó el poema, se estaban muriendo de la risa, porque a ese profesor solo lo querían los alumnos que tenían talento para dibujar.

En muy breve tiempo yo era aceptada en la clase como una más. Mi acento ya no le parecía cómico a nadie. Me sentía bien en el colegio. Casi siempre sucede que escogemos amigos con quienes tenemos bastantes cosas en común. Ya la segunda semana me mudé a un pupitre en la primera fila, donde se sentaban mis compañeras favoritas, que pronto se convirtieron en mis nuevas amigas: Vlasta, Sonja, Tonkica, Milkica y Jasenka. Después me enteré de que ellas eran las mejores alumnas en nuestra clase. Me gustó que ellas eran también activas en deportes. Creo que tuve mucha suerte de formar parte de su grupo.

Mis nuevas amigas y yo participamos activamente en los deportes. El grupo de Smilja, en cambio, no estaba muy entusiasmado con los deportes. Nuestra instructora de educación física siempre nos alababa. Destacaba que éramos buenas alumnas y buenas deportistas, que no es muy común. Por lo menos ella pensaba así. Jugábamos baloncesto y voleibol. Ejercitábamos varias disciplinas. Destacábamos especialmente en ejercicios de barras asimétricas. Hacia el final del año escolar nos llevaban en barco a la península de Paklena, donde aprendíamos a nadar con estilo.

Foto 16: Equipo de atletas de quinto año de secundaria
(Yo soy la tercera de la izquierda)

Nuestra instructora de educación física nos enseñaba también cómo perder. Decía que es bueno ganar, pero también es importante saber perder con dignidad. Por ejemplo, cuando participamos en una competencia de natación con la ciudad de

Zadar, cuando era mi turno para nadar, me llamó a su lado y me dijo:

"Haces un buen tiempo y seguramente ganarás, pero si no ganas, eso no será ningún problema".

Esas palabras suyas nos fortalecían en la lucha por la victoria, pero a la vez nos tranquilizaban cuando no ganábamos.

Cuando estábamos en el tercer grado, nos preparábamos para una competencia en baloncesto. Nos tocaba jugar contra estudiantes de secundaria del pueblo de Vodice y eso en la plaza principal de Šibenik. Estábamos entrenando bastante. Para esa ocasión necesitábamos tener ropa deportiva adecuada, y eso era complicado. El colegio les dio unas telas a nuestras mamás para que nos prepararan la ropa para la ocasión. Mi mamá cosió, con una tela roja, unos pantalones cortos que se abrochaban del lado izquierdo. Y tía Jasna, mamá de Sonja, nos hizo unas pantuflas negras cuya suela era de un material de goma gruesa, algo similar a las zapatillas chinas. Esas pantuflas también se abrochaban de lado con un botón. En el colegio nos dieron franelas blancas. Estabamos felices de tener una ropa deportiva tan bonita.

Un año nuestra escuela secundaria participó en una competencia en atlética en el teatro de Šibenik. Realizamos ejercicios en varias disciplinas. Nuestro grupo hizo ejercicios en barras asimétricas. El público eran nuestros profesores, alumnos, amigos y familiares. Nos sentíamos muy bien. Los aplausos de esa noche nos animaron a seguir practicando. Nuestros profesores, amigos y conocidos quedaron asombrados.

Un evento incómodo quedó en mi recuerdo permanente. Al final del cuarto año de secundaria, según costumbre antigua, todas las clases iban a un viaje de graduación, acompañados de algunos profesores. De eso se hablaba y era una gran alegría. Pero mi amiga Milkica y yo éramos las únicas que no iríamos a esa excursión. Nuestros padres no podían pagar ese viaje. Nuestros compañeros viajaron en barco a Dubrovnik. Había que llegar al puerto a las nueve de la mañana para el embarque. Milkica y yo decidimos ir a despedir a nuestras amigas. Cuando todos se habían embarcado, el barco tocó la bocina y partió lentamente. Cuando comenzó a alejarse de la costa, Milkica y yo saludábamos con las manos y llorábamos, pero no nos secábamos las lágrimas para que ellas no se dieran cuenta. Ese fue uno más de los sueños incumplidos.

Hubo unos cuantos eventos escolares más que fueron desagradables para mí, por la falta de comprensión de mamá. Por ejemplo, cuando se celebraba el Día de la Cruz Roja todos teníamos que llevar dos dinares como contribución para esa organización. Cuando Smilja y yo se lo dijimos a mamá, ella se enfureció y dijo que ella tenía ese dinero, pero que no nos lo iba a dar. Su justificación fue que la Cruz Roja en realidad les debería dar dinero a ella y a sus hijos. Para nosotras no fue fácil ir a clase el día siguiente sin esa contribución.

Del mismo modo, cuando estaba en el quinto grado, un día de primavera nos avisaron en el colegio que presidente Tito pasaría en automóvil por la avenida principal de nuestra ciudad. Ese día no tuvimos clases. Todos debíamos ir a saludarlo, vestidos de pioneros y todos debíamos traer una cestita con pétalos de rosa. A Tito le gustaban las rosas. Yo me preguntaba: "¿Cómo se lo voy a decir yo a mamá?" El tener que vestirme de pionera no representaba problema alguno. Pero la cestita con rosas, eso no lo podía ni mencionar a mamá. Me salvó la mamá de Sonja, quien le dijo a Sonja que ella iba a preparar esa cestita con rosas para mí y Sonja me la traería a la plaza. La mamá de Sonja arriesgó bastante con eso, porque su esposo era un comunista destacado y director del hotel "Krka". A ella no le convenía tener amistad con mi familia. La familia de Sonja vivía unos edificios mas allá del nuestro, en la misma calle. Afortunadamente, en esa época todavía no había televisión, y mi mamá no podía verme como yo saludaba al camarada Tito con pétalos de rosa en la plaza de Šibenik. Esperamos de pie bajo el fuerte sol durante varias horas, ya cansados y hambrientos, pero no podíamos alejarnos de nuestros sitios. Estábamos colocados en una fila a lo largo de toda la avenida principal. Había pasado mucho tiempo cuando nos dijeron que Tito tuvo que cancelar la visita a nuestra ciudad. Nos mandaron a nuestras casas. Ya al día siguiente unas personas se encargaron de que se supiera que el mariscal Tito había pasado con su automóvil por la carretera de detrás de

Šibenik. Pobrecitas las rosas, su destino no era alegrar a nuestro presidente.

Ya en el primer invierno, antes de la Navidad, mi mamá se enfureció especialmente. Ese año la Navidad cayó en un día laboral de semana. En el colegio nos ordenaron que todos debíamos ir al colegio los días de Nochebuena y Navidad. Los que no fueran obtendrían horas de inasistencia injustificada, y una semana después no podrían asistir a clases. El portero llevaría un control estricto en la entrada de la escuela. Cuando se lo dije a mamá, ella nos ordenó que no fuéramos a la escuela esos días, porque esa era nuestra gran fiesta católica. Entonces se nos presentó otro problema. Mamá dijo que tendría que trabajar esos días. No nos encerraría en el apartamento, pero nosotras no iríamos a la escuela. Y así fue. Cuando después de la Navidad llegamos a la entrada de la escuela, el portero nos buscó en la lista que tenía con los nombres de los que asistieron a clases. Mi nombre no estaba en esa lista. Me mandó a casa, al igual que a muchos otros alumnos. No lloré en el camino hasta la casa, pero cuando entré al edificio de la Escuela de Medicina me eché a llorar. Llamaron a mi mamá para que me tranquilizara. Pero ella enseguida encontró una solución:

"Mañana, cuando tú y Smilja vayan al colegio, díganle al portero que son hijas de Magdalena Markov. Cuando ustedes se lo digan él las dejará pasar", ordenó mamá.

Ella ya era conocida en Šibenik como una fuerte

opositora al gobierno.

"Cuando se lo digan, él las dejará entrar seguro".

Y así fue. Cuando al día siguiente le dijimos al portero quién era nuestra mamá, él se dio media vuelta a propósito para saludar a una persona que pasaba por allá, y a nosotras nos hizo una señal con su mano detrás de la espalda para que entráramos al colegio. La estrategia de mamá fue exitosa.

Sin embargo, inclusive esos eventos desagradables no disminuyeron mi amor por la escuela. Estaba feliz todos los lunes de volver a la escuela otra vez.

LA HUIDA DE CROACIA

Dios mío, cómo a veces cambia la vida de uno en un instante, en un segundo, en un parpadear de ojos. Completamente. Una nueva dirección, un nuevo camino, una nueva vida. Uno planifica, pero la vida lo lleva en otra dirección. Eso sucedió una tarde, en primavera, exactamente el 15 de mayo de 1954. Papá nos reunió en nuestro pequeño y modesto apartamento. Estábamos allí mamá, Smilja, yo con mis todavía no cumplidos dieciséis años y nuestro hermano Mirko, el varón mimado de mamá. Mis hermanas Dolores y Zdenka no estaban en esa reunión. Dolores estaba en Sarajevo, y ese año ella y Vlado tuvieron su primera bebé, Alica. Zdenka estaba trabajando en Pula.

"Hijos", comenzó papá, "nosotros tenemos que huir, emigrar. Acá no hay vida para nosotros. Desde que regresé de la cárcel estoy buscando trabajo, cualquier trabajo, pero en vano. Šibenik es una ciudad pequeña y todos saben cómo uno respira".

Eso lo comprendió bien cuando le pidió a un buen amigo suyo del colegio, que tenía el cargo de Director en una fábrica en Lozovac, cerca de Šibenik, que le diera un empleo allá. Ese amigo le dijo clara y sinceramente que allá podría haber empleo para papá, pero que si él lo recomendara, él mismo podría perder su trabajo. Entonces papá comprendió que no había ninguna posibilidad de conseguir un empleo.

"No tengo trabajo, no tengo ninguna posibilidad de vida, nos vamos", repitió.

Nos explicó brevemente qué podríamos hacer. Viajaríamos con nuestro velero por el mar Adriático, hacia Italia. Ya tenía preparado un baúl, una maleta vieja con algunas cosas que nos llevaríamos. Cuando lográramos llegar a la costa italiana, nos registraríamos como refugiados. Ya muchos de nuestros paisanos lo habían hecho.

"El peligro es grande", nos advirtió. "Debemos esperar a que haga buen tiempo, sin mucho viento. Otro peligro es la posibilidad de que seamos atrapados por la Guardia Costera".

En ese caso, la situación sería peligrosa: nosotros de regreso a casa y papá, a la cárcel. Smilja y yo seguiríamos yendo al colegio, como si nada hubiera sucedido, y cuando hiciera buen tiempo, nos iríamos en nuestro velero.

Claro que para nosotros, los niños, eso fue un notición. Pero no se nos preguntó qué pensábamos de eso. Un poco de llorantina, tranquilidad y nada de protestar. Simplemente teníamos que aceptar esos planes como algo que ya estaba decidido. Era un hecho. O, tal como papá usualmente terminaba sus conversaciones: Apud romanum pater familias magnum autoritatum habuit. Pero ni una sola palabra a nadie, porque si llegamos a hablar de eso con cualquiera, inclusive con la mejor amiga, podríamos terminar mal, triste y pobre. Si alguien nos pregunta, debemos decir que vamos de excursión. Dolores y Zdenka no irían de excursión con nosotros, felices ellas! Ellas sabían de nuestro plan y no les gustó en absoluto.

No dormí mucho esa noche. Por primera vez comprendí por qué mi mamá se quejaba a veces de que no dormía bien de noche. Smilja compartía la cama conmigo y también estaba muy triste, pero se quedó dormida enseguida. Yo no. Siempre lloraba mucho, pero esa noche exageré bastante. Mi almohada amaneció mojada del mar de lágrimas que derramé, y mis ojos estaban hinchados y rojos.

Y llegó el día siguiente, el primer día desde que la palabra emigración comenzó a viajar por mi cabeza. Estoy en el salón de clases. En la primera fila, como cualquier otro día escolar de la semana. La profesora está explicando matemáticas. Siempre me ha gustado esa materia, me parecía muy interesante y llena de sorpresas. Pero hoy no entendía nada. Mi interés por las matemáticas de repente se evaporó completamente. Ni siquiera seguía las palabras de mi profesora favorita, no entendía nada. Por mí cabeza solo pasaba la información nueva que papá nos explicó ayer. Ya imaginaba a nuestra familia en el velero entre olas peligrosas. Tenía una gran confusión en la cabeza. No seguí a la profesora ni con mi mirada. Solo escuchaba unos ruidos en el salón, todo me parecía sin sentido. Este lugar agradable que yo quería, donde a menudo imaginaba que me llevaría a un camino correcto, con algo de conocimiento que, finalmente, un día mejoraría mi vida y me brindaría un futuro mejor, a diferencia de la pobreza en que vivíamos entonces. Nunca imaginé que ibamos a tener aquel bienestar en el que nací en mi querida ciudad de Split, donde vivíamos antes de la guerra. Ese bienestar desapareció después de la guerra con el proceso de confiscación. Lo recordaba apenas un poco por lo que me contaron, nunca lo añoraba. Tenía fe en que mi vida, tal como era en esos momentos, con algo de conocimiento y un poco de suerte, poco a poco, cuando creciera, sería mejor, mas agradable y mas digna.

Hoy no aprendí nada de matemáticas. Pobre profesora, a quien por lo demás yo quería mucho, no tuvo éxito conmigo ese día. Nada de matemáticas entró en mi cabeza. Solo el viaje no deseado, que mi papá llamó emigración.

Solo pocos días después de eso, ya la semana siguiente, nuevamente una reunión familiar.

Papá: "Hijos, viajaremos mañana en la mañana. El tiempo es bueno. Mamá ya preparó los bolsos. Mañana no irán al colegio".

Yo: "Pero papá, debo ir al colegio, tenemos un programa importante. Todo el salón va a una excursión a Šubićevac. Recogeremos flores para nuestros herbarios, debo…"

Papá: "Debo nada, tú tienes que entender que debemos

huir y eso es todo lo que nosotros debemos hacer."

Se hizo el silencio. Nada de colegio, nada de excursión, nada de flores, nada de herbario. Mañana el salón 5.b irá al colegio y a la excursión sin mí. Otra noche sin dormir.

Llegó el miércoles. Nuestro apartamento se veía raro. Todo ordenado, todo acomodado, un desayuno apurado y a viajar. Caminamos por la calle de la costa hasta nuestro velero. El baúl ya estaba colocado en el barco. También estaban allá dos bidones de gasolina, unas cuerdas y cosas raras. Cupieron también nuestros bolsos, y todos nosotros también, nosotros cinco. Todos calladitos. Papá prendió el motor y nosotros nos dirigimos hacia el mundo. No exactamente al mundo, no todavía. Primero hacia el canal de Šibenik, y luego no lejos de la costa, bordeando la costa, hacia el norte del Adriático. Todo con el motor prendido, sin vela. Entonces papá le dio la vuelta al velero hacia la izquierda y comenzamos a alejarnos de la costa. Así, abiertos hacia el mundo. Como al mediodía, todo así con motor, sin vela, nos dieron la merienda. Mamá sacó del bolso unos sanduiches pobres. No teníamos hambre, pero tuvimos que comer lo que nos dieron. Papá subió la vela, solo la vela, sin el foque, y nosotros navegamos sabroso. Después el viento comenzó a soplar con más fuerza y, temprano en la tarde, papá cambió el rumbo. Bajó la vela, nosotros le ayudamos en esa tarea. Dirigió el velero hacia atrás, en la dirección de donde habíamos venido. El viento se intensificó y papá nos alegró con la noticia. Estamos regresando, no podemos continuar. Hoy no se puede, el viento es demasiado fuerte.

Llegamos a nuestro apartamento al atardecer, cansados, psíquica y físicamente cansados. Nuestro primer viaje de prueba había terminado. Para papá ese fue un viaje no exitoso, pero para mí sí lo fue, y yo estaba contenta. Quizás no tengamos solo que posponer, sino también que renunciar a nuestro viaje. Lo único malo es que yo me quedé sin las flores para nuestro herbario, pero la primavera durará todavía y yo resolveré ese problema.

Tuvimos que ir una vez más a viaje de prueba, pero ya en la mañana amenazaba un viento fuerte y tuvimos que renunciar. De modo que yo no sabía si ese día iría al colegio o no. Lo más difícil era justificar mis inasistencias a mi profesora encargada. Nuestros padres nos enseñaron a no mentir, eso estaba prohibido y se castigaba severamente en nuestra familia. Y qué podía hacer yo si no puedo decir la verdad, y la profesora pregunta y amenaza. En el camino hacia el colegio me puse a inventar las posibles razones convincentes que podía "vender" a mi profesora. Así, violé una virtud que nuestros padres nos enseñaron. Esas fueron unas mentiras blancas, y me parece que a veces las mentiras blancas son necesarias.

Yo deseaba que el mal tiempo siguiera, que el viento se intensificara, que las olas enfurecieran y que el deseo de huir de nuestro padre se evaporara. Papá seguro deseaba todo lo contrario.

EXCURSIÓN AL EXTRANJERO

Y así, esperando vientos más suaves, moviendo la fecha de nuestra huida, todavía con algunas inasistencias a clase, nos llegó una sorpresa. Llegó una carta de un Ministerio. Se trataba de la respuesta a la solicitud que hizo papá unos meses antes, para solicitar pasaportes para todos nosotros para una excursión a Italia y visitar en Italia a nuestra tía Nevenka, hermana de papá, quien vivía en Milano con su familia. Esa era una notificación de la estación de Policía invitando a papá a tratar el asunto. Papá voló enseguida, con la esperanza de que todos tuviéramos una manera mas fácil para huir, o salir de nuestra patria. Esa huida planificada podría convertirse en nuestro primer viaje al exterior.

En la tarde, cuando Smilja y yo regresamos del colegio, fuimos convocadas a nuestro apartamento/habitación a una nueva reunión familiar. Nuestros padres nos dijeron que, simultáneamente con la huida planificada con el velero, tenían un plan B: hacía tiempo que habían solicitado pasaportes para todos nosotros. Y llegó la respuesta del Ministerio. Papá esperaba que allá lo esperarían ya todos los pasaportes. Sin embargo, le explicaron que habían sido aprobados los pasaportes para mamá y tres hijos, pero no para papá. Parece que él tendría que quedarse como rehén hasta que volviéramos de aquella excursión de verano en Italia.

El hecho de que íbamos a obtener pasaportes cambió nuestro plan de huida al mundo. En la siguiente reunión familiar papá nos presentó el nuevo plan. Mamá y nosotros, los hijos, viajaríamos en tren a Italia a casa de la tía Nevenka, pero solo temporalmente. Mientras tanto, papá cruzaría el Adriático solo, con nuestro velero, cuando se presentara la oportunidad. Y nos encontraríamos todos en Milano, donde nuestra tía Nevenka, de la que sabíamos poco o nada. Sabíamos que llevaba mucho tiempo casada con zio Nino, y que tenían dos hijos. Y allá supuestamente comenzaría nuestra libertad y nuestra emigración. Claro, nos quedaríamos en casa de la tía Nevenka solo poco tiempo. Nos registraríamos como refugiados y planificaríamos nuestra vida futura en algún lugar al otro lado del océano.

Ese programa nuevo trajo también algunos cambios en nuestros planes. Por ejemplo, a mí me alegró ese programa, porque esperaba poder seguir yendo regularmente al colegio y terminar mi sexto grado de escuela secundaria. Así no tendría que faltar a clase ni inventar mentiras piadosas para mi profesora. Sucedió como esperaba. Smilja y yo terminamos nuestro año escolar, pero sabíamos que el año siguiente no iríamos a estar sentadas en pupitres de la escuela secundaria de Šibenik, donde pasamos días maravillosos e hicimos las mejores, más sinceras e incondicionales amistades.

Al poco tiempo nos dieron nuestros pasaportes, que nos permitían quedarnos en Italia un máximo de tres meses a partir de la fecha de entrada en ese país. Viajaríamos a finales de verano. Nuestros planes progresaban. Desempacamos el baúl en el que habíamos pensado llevar nuestras pertenencias a través del Adriático. Lo cambiaríamos por maletas más pequeñas, adecuadas para nuestra excursión en tren a Milano.

Cuando terminaron las clases, mis padres me permitieron ir a visitar a mi hermana Zdenka en Pula. Estaba muy feliz. Para el público en general yo iba a visitar a mi hermana, pero yo sabía que en relidad iba a despedirme de ella. No pude despedirme de Dolores. Lo pasé muy bien con Zdenka en Pula. Yo la esperaba en su cuarto alquilado mientras ella trabajaba en el hospital. Luego ibamos juntas a su cantina a almorzar. Inmediatamente después del almuerzo ibamos a la playa con sus amigos y amigas. Claro, ella sabía nuestros planes y nuestras conversaciones siempre terminaban tristes cuando comenzaba el tema de la huida. Zdenka trataba de aliviar mi tristeza con su amor. Antes del paseo vespertino me arreglaba el pelo con mucho esmero, lo cual hacía muy bien. Realmente, hizo todo lo que pudo para que mi estadía fuera agradable. Ese fue otro verano inolvidable.

Foto 17: Zdenka y yo en la playa de Pula.

Yo ya no regresé de Pula a Šibenik. Acordamos que mamá, Smilja y Mirko irían en tren hasta la ciudad de Sežana. Zdenka y yo los esperaríamos allí, y yo subiría al tren y continuaría el viaje con ellos a Milano.

El acuerdo se cumplió. Llegamos a Sežana a tiempo, en realidad demasiado temprano, y esperamos el tren que me llevaría a la dirección a la que yo no deseaba ir. Antes de que llegara el tren de Šibenik, Zdenka me dio una sorpresa. Se quitó una bonita sortija de oro con una piedra de aguamarina azul clara que nuestra mamá le había regalado, y me la puso en la mano. Ese fue su regalo de despedida para mí. Mis lágrimas de despedida se mezclaron con lágrimas de alegría por ese hermoso gesto de amor hacia mí.

    Cuando el tren llegó, vi en la ventanilla tres cabezas conocidas. Un abrazo rápido con Zdenka. Ya no había tiempo para nada. Salté al vagón donde estaba mi familia y enseguida el tren continuó su viaje. Nosotros saludamos desde el tren y Zdenka saludó desde la estación. Por mis ojos hinchados, mamá sabía cómo me estaba sintiendo yo. Siempre me gustaba viajar en tren. Me gustaba el ritmo típico que se escuchaba y con el cual uno podía cantar cualquier canción. Del mismo modo, me encantaba mirar todos los paisajes por donde pasábamos. Sin embargo, esta vez no sentí el ritmo del tren y tampoco miraba el paisaje. No, porque esta vez ese tren conducía a un lugar donde yo no quería ir. Lloré un poco más y luego me hice la dormida.

    Pronto llegó la revisión de los documentos. Todo estaba bien. Sentí que extrañábamos a papá y su pasaporte.

ESTADÍA EN MILANO

En Milano nos esperó, ya en la noche, con una sonrisa en la cara, un señor bajito, gordito de unos sesenta años, nuestro tío Nino, a quien conocimos apenas ese día. Fuimos con él al garaje, donde nos montamos en su pequeño automóvil y partimos hacia su apartamento. Vivían en el centro de la ciudad cerca de la catedral de Milano. La tía Nevenka nos abrió la puerta y nos recibió amablemente. A los niños hasta nos dio un beso. Enseguida nos llevó al cuarto que había preparado para nosotros. El apartamento era bonito, con muebles antiguos, con pocos adornos. Sus hijos Assunta y Mirko no estaban en casa y los esperamos para cenar juntos.

Entretanto, la tía Nevenka aprovechó la ocasión para explicarnos lo que significaba la emigración. Nos dijo enseguida que no apoyaba a nuestro papá por habernos puesto en la actual situación. Nos contó que ella había abandonado su Croacia y su empleo como maestra en Šibenik para casase con su amor, el tío Nino. Pero, dijo, la vida en el extranjero no es agradable. Enumeró una serie de problemas por los que hay que pasar en tierra extranjera para acostumbrarte a la nueva forma de vida y para que la gente de allá te acepte de alguna manera. Afortunadamente, pronto llegaron Assunta y Mirko, y así interrumpieron la conversación de su mamá, cuyo objetivo era asustarnos bastante desde el principio. Todos los días, mientras el tío Nino y sus hijos iban a trabajar, ella aprovechaba para continuar su sermón. A diferencia del tío Nino, nunca hubo una sonrisa en sus labios.

Assunta enseguida hizo amistad con nosotros. Ella se había graduado en la escuela de labores domésticos, donde la prepararon para una posible boda y el manejo de las labores de su casa. A mí me enseñó planchar bien, una labor que yo ya había hecho antes para mi mamá y que me gustaba. Ella tenía 22 años y entendía bastante el idioma croata, y Mirko tenía 26 años. Él era muy calladito, tranquilo y obediente, un verdadero hijo mimado de su mamá. No hablaba mucho con nosotros, poco croata, y más italiano. El tío Nino era el más amable de todos ellos. Creo que solo él estaba consciente de nuestra difícil situación: en Italia, esperando que papá se escapara con su velero a través del mar, y con una gran preocupación sobre cómo se desarrollaría esa película. A nosotros, los niños, nos llevaba a menudo en su automóvil a unas empresas que él visitaba. Nosotros lo esperábamos y paseábamos alrededor. A veces los fines de semana nos llevaba de paseo: a Padova, Verona, al pueblo Cernobbio en el lago de Como y algunas otras partes y nos servía como nuestro guía. También siempre nos compraba unos pancitos finos para el desayuno, porque se dio cuenta que nos gustaban mucho. Mamá fue la que pasó por los momentos más duros en todos los sentidos. Además, ella y la tía Nevenka no se querían mucho, trataban de esconderlo, pero no lo lograban.

A nosotros nos llegaban postales abiertas al domicilio de la tía que nos enviaba papá. Él tenía unos códigos especiales con mi mamá. Así ella pudo seguir su huida. Por ejemplo: "el sol está muy fuerte" significaba que el control de la Guardia de la costa estaba presente todo el tiempo en el mar. "Todavía es verano" significaba que todavía había esperanza que lo logrará. "Fuertes lluvias" significaba que había tormentas en el mar. Había otros códigos que mamá podía interpretar fácilmente. Mis amigas de Šibenik también tenían mi dirección en Milano y me escribían, me decían que me estaban esperando, porque pronto comenzarían las clases. Ellas no sabían que yo no me sentaría con ellas en la primera fila de nuestro salón de clase.

Pasado un mes desde nuestra llegada a Milano, un día la tía Nevenka llamó a Smilja y a mí a su cuarto para una conversación. Primero nos dijo lo que nos había dicho ya cien veces, es decir, que es difícil ser un extranjero en tierra ajena. Añadió que papá no lograría escapar con el barco, el verano estaba por terminar, ya había tormentas en el mar, y nosotros teníamos visa para permanecer en Italia solo tres meses, o sea, poco tiempo más. Nos propuso que las dos regresáramos a Yugoslavia, a casa de nuestras hermanas, de manera que nuestros padres decidieran no emigrar. Ella correría por nuestros gastos y nos enviaría el dinero mensualmente para todas nuestras necesidades. Vio nuestras caras angustiadas, nos aconsejó que fuéramos a dormir y que le diéramos una respuesta en la mañana. Ella estaba segura que aceptaríamos su oferta.

Mientras mamá y Mirko conversaban con la familia en la sala, Smilja y yo hablábamos en nuestra habitación sobre la propuesta de la tía. Smilja inmediatamente accedió a volver, porque pensó que en un año podría terminar su escuela secundaria. Yo trataba de convencerla de que no volviera. Nuestros padres son viejos, no hablan idiomas, será difícil para ellos desenvolverse en el nuevo mundo. Pero ella no quiso cambiar su decisión de ninguna manera. Me puse muy brava. Ya en la mañana dijimos a la tía que Smilja iba a regresar, y que yo continuaría el viaje hacia la incertitumbre con mis padres. De alguna manera yo tenía la esperanza de que papá lograría escapar y podría unirse a nosotros en Italia. Cuando le contamos a la tía en la mañana lo que habíamos decidido, se mostró desesperada. Sin embargo, unos días más tarde el tío Nino llevó a Smilja al tren hacia Pula, a casa de Zdenka. La ayuda de la tía nunca le llegó a Smilja en Pula.

Dos días antes del vencimiento de nuestra visa italiana, la tía Nevenka nos llevó a la estación de policía más cercana, con nuestro equipaje modesto, para registrarnos como refugiados. Ella no quiso que nos quedáramos en su casa como ilegales.

Pasamos mucho rato en la oficina de un policía, hasta que la tía les contó nuestra historia. Claro, ese policía se puso del lado de nuestra tía y quiso convencernos de que lo mejor sería que regresemos a Yugoslavia. Pero debido a la emoción y los gritos de nuestra mamá, el policía decidió que la tía se fuera a su casa, y que él nos enviaría al campo de refugiados cerca de Roma. La tía se fue a su casa y nosotros nos quedamos sentados hasta la noche en la estación de policía. Solo entonces nos dijeron que no tenían la posibilidad de llevarnos enseguida a ese campo, y que, por lo tanto, debíamos regresar a casa de nuestra tía. Eso nos cayó muy mal. Les rogamos que nos dejaran en su oficina hasta la mañana, para no tener que molestar a la tía, pero ellos igual nos llevaron. Yo tenía claro que nosotros éramos una gran carga para la tía, de modo que no me sorprendió su cara pálida cuando regresamos tarde en la noche.

El siguiente día, poco antes del mediodía, llegó la policía a buscarnos, y en un automóvil grande nos llevaron al campo en el pueblo de Rieti, cerca de Roma. En el camino nos dijeron que ese campo estaba financiado por una organización internacional y la iglesia católica, y que allá estaríamos seguros. Mamá estaba feliz de que fuéramos a no importa dónde, con tal de no regresar a casa de nuestra tía en Milano.

VIDA EN EL CAMPO DE REFUGIADOS

Así mamá, Mirko y yo, en el mes de septiembre de 1954, llegamos en tren hasta Roma, acompañados por la policía, y luego en un automóvil hasta el pueblo de Rieti, no lejos de Roma, a nuestro nuevo hogar. En la estación de policía nos dijeron que nos llevaban a un campamento. Algunos lo llamaban campo, campo de refugiados. Llegamos en las horas de la tarde. Nos recibió un policía y nos llevó a la oficina de policía que cuidaba ese campo. Nos explicaron las normas y nos llevaron al siguiente edificio bajito, donde estaba el cuarto que sería nuestro hogar en el campo. El policía nos ayudó a colocar nuestro modesto equipaje en ese cuarto y nos dijo que fuéramos a la cocina, en el primer edificio, donde nos servirían la comida.

Nuestra mudanza fue acompañada de miradas de muchas personas, nuestros nuevos vecinos, quienes se asomaban detrás de sus paredes-cobijas y susurraban. Fuimos a la cocina. Esa obviamente no era la hora de almuerzo o cena. En la cocina estaba solo una cocinera, italiana. Ella nos sirvió la comida en la cocina, porque allí no había comedor. Al regresar a nuestro cuarto, nuevamente algunas personas nos miraban, éramos unos recién llegados. Nos sentamos en una de las dos camas literas en ese cuarto, mamá en una y Mirko y yo en la otra. No miraba a mamá a los ojos para no ver la expresión de su cara, pensando que quizás ella tampoco me miraba a mí. Menos mal que estábamos cansados del viaje y no tuvimos tiempo para conversar. Solo mamá dijo que se sentía horrible, qué diría la gente cuando vio que había llegado una mujer sola con dos hijos, sin marido. Era ya de noche, y solo por un instante pude ver la cara blanca, pálida de mi mamá, más pálida que nunca. Sacamos de nuestro equipaje solo aquello que necesitamos en ese momento. Nos acostamos en nuestras camas, mamá y yo cada una en su cama de abajo, y Mirko en la de arriba, y enseguida nos dormimos. Estaba contenta de que fuera de noche. Así nadie pudo ver mis lágrimas. Ese fue un llanto largo, pero oculto.

En la mañana nos pusimos en fila, con los demás inquilinos de nuestro nuevo hogar, delante de la cocina, uno tras otro. Todos tenían en sus manos una olla de aluminio. Cuando nos tocó nuestro turno y el personal de la cocina vio que no teníamos olla, enseguida nos dieron un recipiente de aluminio a cada uno. Entonces, cuando llegamos al mesón donde estaban sirviendo el desayuno, nos pusieron en nuestros recipientes café con leche caliente y nos dieron en la mano pan con una crema encima. Una vez servidos, regresamos a nuestro cuarto y desayunamos. En esa fila mamá reconoció algunas personas. Ellos se nos acercaron en el camino hacia los cuartos. Eran dos familias de Murter, los Barić, marido y mujer y los Papeša, marido, mujer y dos hijas, dos muchachas jóvenes. Ellos nos habían reconocido la noche anterior, pero no quisieron molestarnos el primer día. Se alegraron mucho cuando nos vieron y nos dijeron que estaban a la orden para todo. Mamá estaba feliz de que allá tuviéramos unas personas conocidas. Ellos al menos sabían que nosotros teníamos un marido y un papá. Después del desayuno nos encontramos con los Barić y los Papeša en un rincón del patio. Allí hubo conversación y llanto. Nos dijeron, entre otras cosas, que ellos se escribían constantemente con su gente de Murter y con los familiares en Australia adonde pensaban emigrar. Las listas de espera eran largas. Mamá les pidió enseguida que no escribieran a nadie diciendo que habíamos llegado al campo, porque nuestro papá trataba de escaparse en su velero, y podrían meterlo en la cárcel si eso llegara a saberse ahí. La petición fue respetada. Creo que solo los policías no hubieran creído esa historia, porque todos los murterinos sabían que mucha gente se escapaba a través del mar Adriático. Los que eran atrapados por la guardia costera terminaban en la cárcel. Nosotros esperábamos que eso no le sucedería a papá.

Nuestros nuevos amigos nos explicaron enseguida el sistema de vida en ese campo. No tenían quejas, no les faltaba nada esencial. Los policías italianos eran muy decentes y amables. Ese era un campo solo para padres con hijos y mujeres que estaban solas. Los hombres solteros estaban ubicados en otro campo, también cerca de Roma, en el pueblo de Farfa Sabina.

Había un patio grande en el campo, con piso de tierra cubierto con piedritas, cercado por cuatro edificaciones largas de planta baja, en forma de cuadrado. En la entrada del campo estaba el edificio más grande, donde se encontraba la oficina del director y de la policía. A continuación estaba la cocina. Luego había dos filas de edificios bajos que tenían muchas puertas. Esos eran los dormitorios. Y en la última parte en ese cuadrado, estaban también los dormitorios y un pequeño apartamento con una capilla donde vivían unas monjas. Al final había una edificación pequeña donde estaban los baños con inodoros, de un lado para hombres y del otro lado para mujeres, completamente separados. Había muchas duchas con agua caliente, pero durante el invierno los baños no tenían calefacción.

Las habitaciones estaban separadas solamente por unas cobijas de color marrón que colgaban de largos palos de madera y que hacían el papel de paredes, formando de ese modo habitaciones separadas. Una de esas habitaciones nos fue adjudicada a nosotros. Tenía dos camas literas y dos armarios pequeños. Hoy en día eso se llamaría habitación con decoración minimalista.

En el campo conocí a Marta, una muchacha eslovena de quince años. Ella hablaba bien el idioma croata. Llegó al campo con sus padres. Ellos estaban anotados en la lista para emigrar a Argentina. Supimos por los murterinos que su papá era un criminal de guerra y que lo tenían bien cuidado en ese campo. Él no podía salir a ninguna parte. Marta me llevó a una oficina donde había una pequeña capilla. Allá vivían seis monjas que estaban encargadas de que, todos los que querían, hicieran algunas actividades. Marta aprendía allá manualidades: coser, tejer o trabajo de ganchillo. Enseguida le expresé a las monjas mi deseo de participar en esos trabajos. Ellas se pusieron contentas cuando vieron que yo podía comunicarme con ellas en italiano. Marta también se sorprendió. Ese mismo día me quedé en un cuarto pequeño de la capilla. Solo fui a avisar a mamá para decirle dónde estaba.

Dos monjas estaban a cargo de nosotras. Las otras aparecían en nuestra sala solo de vez en cuando. Marta y yo estábamos en la capilla desde el desayuno hasta el almuerzo. Primero una oración larga. Ellas: "Santa Lucía" y nosotras dos, "ruega por nosotros", "Santa…, Santo…, Santa…" "ruega por nosotros… ruega por nosotros…" Luego nos daban un dulce y comenzábamos a trabajar. Yo tenía un poco de experiencia en tejer. Las monjas primero nos dieron unos materiales de seda, bonitos y coloridos, y nos enseñaron cómo adornar los bordes de esa tela con un hilo muy finito. El trabajo iba muy lentamente, pero debo admitir que me gustó y creo que fui una buena alumna.

Después vi que las monjitas cosían con esa seda ropa interior de mujeres que, según las malas lenguas del campo, ellas vendían muy cara en un lugar de Roma. A mí eso no me molestaba, porque mientras decoraba esa ropa de seda, mis pensamientos vagabn lejos, a mi Šibenik. Y así yo, en vez de estar sentada en un pupitre de la primera fila de la clase 7b en la escuela secundaria de Šibenik, me encontraba en compañía de monjas y bordaba seda y rezaba a todos los santos para que rogaran por nosotros. Solo nuevas oraciones interrumpían mis pensamientos y me traían de vuelta a mi realidad, nuevamente "ruega por nosotros...".

En horas de la tarde Marta y yo teníamos otra diversión. En una parte del patio había un mueble de tenis de mesa. Marta había visto que allá a veces alguien jugaba. Tuvimos que ir a la oficina de la policía para que nos dieran raquetas y pelotas y entonces nosotras dos íbamos a jugar. Ambas nos sorprendimos: yo me sorprendí al ver que ella jugara bien, y ella se sorprendió que yo también jugara bien. Disfrutamos mucho de ese deporte nuestro. También tuvimos público: los habitantes del campo, familias completas. Allí nos ganamos la simpatía y amabilidad de todos en el campo: nuestros vecinos, las cocineras, las limpiadoras, los policías. Una de las ventajas que nos dio el tenis de mesa fue que cuando llegábamos con nuestras ollas a la fila para el almuerzo, las cocineras nos servían mucha comida. Mi hermano Mirko lo aprovechó también.

A veces hasta nos regresábamos a la fila por segunda vez

y las cocineras sonreían y de nuevo llenaban nuestros recipientes.

Foto 18: Marta y yo jugando tenis de mesa en el campo

Nosotros esperábamos constantemente la llegada de papá. Naturalmente, en nuestra nueva dirección no recibíamos correo de él. En realidad, estábamos todos muy preocupados, porque navegar con vela a través del Adriático no era nada fácil, y a menudo no tenía éxito. Esos fueron días difíciles. Pero, reconozco que, incluso en esos días duros, podíamos estar alegres y ser felices. Teníamos la esperanza de que papá apareciera algún día. Los policías sabían nuestra situación, es decir, que nosotros estábamos esperando que llegara nuestro papá. Algunas veces, cuando pasaba al lado de ellos, solían decirme "llegará, verás que llegará". Ellos admiraron mi incipiente conocimiento del idioma italiano. Les parecía raro.

Comenzó el año escolar en Italia. Tres muchachos de nuestro campo se inscribieron en una escuela, entre ellos, también mi hermano Mirko. Los llevaban en el automóvil de los policías a la escuela a un pueblo cercano y, al mediodía, los regresaban al campo en el mismo automóvil. Yo fui a la oficina de la policía para pedirles que me permitieran ir a esa escuela. Pero eso era solo para los muchachos, para las bambine, de ninguna manera. Lloré y lloré, pero no pude arreglarlo. Yo hubiera sido la única muchacha en esa escuela. ¡Prohibido terminantemente! Entonces envidiaba a mi hermano, y él a menudo me explicaba lo que estaba aprendiendo allá. Al principio los muchachos de ese pueblo se burlaban de él porque no sabía hablar italiano. Pero los niños son así, y muy pronto se hicieron amigos de él. Así Mirko aprendió italiano en muy poco tiempo.

Delante de la oficina de la policía había una pizarra grande, donde siempre había anuncios sobre eventos importantes en el campo. Estaban escritos siempre en italiano y en croata. Un viernes estaba anunciada una excursión gratuita en autobús a Roma para todos aquellos que quisieran ir. Era el Año Mariano de 1954. Ese domingo el Papa Pio XII celebraría la misa en la Plaza de San Pedro. Mamá enseguida nos inscribió a nosotros tres para esa excursión. Muy pronto la lista de cincuenta personas estaba llena.

El domingo todos nos pusimos nuestros modestos trajes

de domingo. El autobús se llenó y partimos para Roma. Se cantaron canciones croatas. Cantaron canciones de iglesia, pero también las de los grupos dálmatas de "klapas". Cantaban todos, los que sabían cantar y los que no sabían. Para casi todos nosotros ese era nuestro primer viaje a la Ciudad Eterna. Y además de eso, ¡veríamos al Papa! Cuando llegamos cerca de la plaza, bajamos del autobús. Cada uno recibió un paquete con una merienda. Nos dijeron a qué hora debíamos estar en ese mismo lugar para volver al campamento. Caminamos hacia la Plaza de San Pedro. La familia Barić y nosotros íbamos juntos, ellos nos necesitaban a Mirko y a mí para que les ayudáramos con el idioma, ya que ellos no hablaban italiano. La plaza estaba repleta. Cuando el Papa Pio XII apareció a las 11 en el balcón, se formó un alboroto. Hay que vivirlo para saber cómo es eso. Es imposible describir ese éxtasis. Después de un largo aplauso, el Papa se dirigió a todos los presentes y dio un discurso tranquilizador que yo interpreté como una esperanza de que en la vida siempre puede haber momentos felices. Dijo que nuestra esperanza y nuestra fe nos ayudarían en los tiempos difíciles para que nos llegaran esos días felices. Nos puso a la Virgen María como ejemplo. Siguió la misa. Esa fue una excursión inmensamente hermosa, que nosotros en el campo ni siquiera podíamos soñar.

En el camino de regreso no hubo canciones, todos estábamos cansados y teníamos sueño. Cuando llegamos al campo un policía me gritó desde la ventana: "llegó tu padre, llegó tu padre". Me puse brava porque pensé que me estaba engañando, y le dije a mamá que ese era un descarado que se burlaba de nuestra desgracia. Luego vinieron dos policías hacia nosotros y repitieron que eso era la verdad. Y pronto vimos a papá en el patio cuando se dirigía hacia nosotros. Gritamos, corrimos, lloramos e igualmente todos a nuestro alrededor lloraron, excepto los policías. Esta vez fue de felicidad. La ropa de papá estaba toda mojada. Su pantalón y su bonita y gruesa chaqueta azul marino estaban completamente mojados, y en nuestro abrazo terminamos todos mojados. A veces suceden milagros. Sucedió lo que la Biblia dice: Dios hace que su sol salga sobre los malos y los buenos, y que la lluvia caiga sobre justos e injustos (Mateo 5.45).

Papá se sorprendió de no ver a Smilja entre nosotros. Mamá le explicó brevemente lo que había sucedido con ella, que la tía Nevenka la persuadió de que regresara a Yugoslavia, y que ella estaba en Pula con Zdenka. Papá se sorprendió mucho. Solo después nos dijo que estaba muy enfadado con ella por esa decisión suya.

Los murterinos le trajeron ropa a papá para que se cambiara. Fue al baño, donde se refrescó y se cambió de ropa. Luego todos nos fuimos a la fila para la cena. A papá le dieron su ollita.

Nos pusimos de acuerdo con los murterinos para que, después de la cena, nos encontraríamos en nuestra habitación para conversar. Y así fue, pero tuvimos que levantar no una, sino dos paredes de cobijas para que cupieran todos los vecinos que querían escuchar la narración de papá. Esto fue lo que contó: Uno de los amigos de papá de la ciudad Biograd na Moru llegó a Šibenik y nos buscó en la Escuela de Medicina. Encontró a papá solo y él le contó lo que estaba pasando en nuestra familia. Ese amigo inmediatamente le pidió a papá que llevara con él a su hijo Josip, de diecisiete años, porque él quería escaparse para ir donde su hermano en Australia. Papá estuvo de acuerdo y así, unos días después, papá y Josip se embarcaron en nuestro velero. Papá siempre tenía, debajo de la proa, dos bidones de gasolina por si acaso les tocaba un mar sin viento, y tuvieran que continuar su viaje sin vela, con motor.

    Zarparon el mismo día. En el primer intento de huir con Josip las condiciones fueron favorables. Las olas eran buenas y hacía suficiente viento para la vela y el foque. Pero, el pequeño Josip comenzó a vomitar y eso le causó a papá un problema adicional. Así y todo, continuó navegando. Cuando el sol se escondió y llegó la noche, comenzó una gran tormenta. Papá pensó que ya se encontraban cerca de Italia en ese momento. La tormenta se intensificó. El mar estaba alborotado, las olas grandes. Papá bajó tanto la vela como el foque, tomó los dos bidones de gasolina y tiró la gasolina al mar. Luego ató un bidón vacío alrededor de la cintura de Josip y el otro a sí mismo, porque temía que el barco se fuera a hundir. El mar se volvió salvaje. Después de unas horas de navegación, papá vio algo que podría ser un barco. Tomó el foque blanco y comenzó a sacudirlo. No sabía a quién estaba enviando las señales, si eran unos italianos o si era nuestra guardia costera. No le importaba, lo que deseaba era que ellos dos sobrevivieran. Afortunadamente, los del barco los vieron y se acercaron al velero de papá. Eran unos pescadores italianos que estaban robando pescado en la plataforma croata del mar Adriático, porque en su parte del Adriático no había mucha pesca. ¡Qué suerte! Le tiraron las cuerdas a papá para acercar el velero y lo sacaron a él y a Josip, eso sí, muy mojados y los subieron a su barco pesquero. Tiraron los bidones de gasolina vacíos al mar. Amarraron bien el velero y se dirigieron a Italia.

Después de unas horas, llegaron a San Benedetto di Tronto, un pequeño pueblo de pescadores. Llevaron a papá y a Josip a la estación de policía mas cercana, donde los interrogaron. Papá les contó brevemente su historia. Ellos llamaron a la policía del campo de Rieti. Cuando se convencieron de que su familia lo estaba esperando allá, amarraron el velero, subieron a papá con su pequeño equipaje a un automóvil de policía y se dirigieron a Rieti. A Josip lo llevaron enseguida a aquel otro campo en Farfa Sabina. El contacto con Josip lo perdimos después completamente. Bueno, esa fue una verdadera presentación teatral en nuestra habitación, con nuestro papá como actor principal. Hubo mucho entusiasmo allí, unas cuantas lágrimas, pero mucha, mucha risa. Ese drama tuvo un final verdaderamente feliz, con el sol brillando nuevamente para nosotros.

Al día siguiente esa historia feliz estaba publicada en la pizarra de anuncios frente a la estación de policía, donde se anunciaban todos los eventos importantes del campo.

Ahora ya podía escribir libremente a mis amigas en Šibenik, desde mi dirección en Rieti, e informarles de mi nuevo destino. Les dije que había tratado de persuadir a mis padres para que no emigráramos, pero eso fue imposible. Les confié que fue duro para mí que mis padres tomaran esa decisión. Mi hermana Smilja regresó, ahora está en Pula con Zdenka, y allá terminará su último grado de secundaria. Esa fue su excusa para regresar y no seguir nuestro camino de emigración. Yo no me atreví a regresar y dejar solos a mis padres. Consideré que ellos ya eran viejos para comenzar una vida nueva en el extranjero y que yo tenía que ayudarlos.

Pronto recibí mis dos primeras cartas, una de Vlasta y Tonkica, y la otra de Jasenka. Me fui al baño y cerré la puerta, abrí las cartas y comencé a leer y a llorar. Me escribieron que les hago falta. Me informaron quién está sentado en qué pupitre, cuáles profesores tenemos de las distintas materias. A mí me estaba esperando un pupitre vacío en la primera fila. Apenas podía leer, pues estaba limpiando las lágrimas constantemente. Mamá y papá sabían que yo siempre leeré mis cartas en el baño y que mis ojos serán rojos e hinchados nuevamente. Hubiera deseado estar en Šibenik, en el colegio, con mis amigas, por más que nuestra vida allá era pobre y difícil. Estaba consciente de que mi vida se encontraba en una gran encrucijada, contra mi voluntad.

Solo en un lugar lejano alimenté la esperanza en mi cerebro de que tal vez todo eso terminaría bien.

En octubre estaba escrito en el pizarrón que los propietarios de los olivares estaban buscando obreros para la cosecha de sus olivos. Papá nos propuso que fuéramos. Ganaríamos algo de dinero. Eso iba a durar aproximadamente una semana. Llegaron a buscarnos con automóviles grandes. Cuando llegamos a la hacienda, nos dieron un saco a cada uno, y ¡a trabajar! Todos los murterinos fueron a trabajar. Ellos tenían experiencia en eso, porque poseían sus propias plantaciones de olivos en Murter. Comenzó la cosecha y yo miraba cómo lo hacían los murterinos. Tienes que agarrar una rama, y con el pulgar y el índice lanzar la mano hacia abajo para que las aceitunas caigan al saco. Traté de imitarlos, pero lo hacía muy lenta y torpemente. Incluso mi dedo índice sangró. Los murterinos se reían de mí y papá se enfadó. Él y mamá tuvieron más éxito, y Mirko solo jugaba en el campo. Hacia el final del día llegó el propietario, pesó cada saco y pagó a cada uno lo que había cosechado. Cuando regresamos al campo, papá nos dijo enseguida que al día siguiente ya no iríamos a ese trabajo. Me sentía culpable por ello. Pero claramente, ese no era un trabajo para mí.

Cada domingo teníamos permiso para salir del campo, claro, a pie. Íbamos por lo general en grupitos. Nuestra familia siempre iba con los murterinos. A menudo visitábamos un pueblito cercano a la feria. A mí me gustaban mucho esos paseos. Y había muchas cosas bonitas en la feria: adornos antiguos, ropa usada, adornos de casa, bisutería, tazas, cuchillos, ollas viejas. Había también fruta y verdura. Y al final de la feria, había comida: pollo horneado, finos risottos y pastas italianas, pan bueno y cachitos. Esa parte de la feria no la visitábamos. Todos los domingos en el campo nos daban sandwiches para el almuerzo listos y teníamos que conformarnos con eso.

Lo primero que compramos en la feria fue un regalo para mi decimosexto cumpleaños. Escogí un vestido de verano usado, de un material suave con cuadros verdes, con un cuello blanco y manga corta. Nunca olvidaré ese vestido. Mamá me lo lavó bien en el campo y lo arregló, y ya el domingo siguiente yo iba elegante. Ese vestido quedó inmortalizado en una fotografía sobre papel, y en mi imaginación quedó en eterna memoria.

Foto 19: Yo en mi vestido "nuevo"

Entre las muchas cosas que me gustaron en la feria fue una aguja-ganchillo especial para remendar medias, sobre todo esas medias de nylon de mujeres. Siempre me gustaron las manualidades. Me imaginé que con ese ganchillo podría remendar medias y así ganar algo de dinero. Eso por fin podría ser mi nuevo trabajo: el arreglo de medias de nylon, destinado a aquellas jóvenes "mayores" que eran las únicas en nuestro campo que las usaban. Compré ese ganchillo. Aprendí ese oficio por mí misma. Tomé un simple vaso, en el cual coloqué un poco de papel blanco como fondo. Luego coloqué la parte rota de la media en ese vaso y con mi mano izquierda estiré bien la media. Entonces tomé mi ganchillo especial y con él, poco a poco, fui levantando los puntos rotos en la media, uno por uno. Al final cosía esos puntos levantados. Eso no fue difícil. Se regó la voz en el campo sobre mi trabajo. Pronto conseguí mis primeras clientas. Ellas eran Danica y Anka, unas de las pocas que usaban esas medias tan finas. Conseguí otras tres nuevas clientas y pensé que me iba a ir bien con ese negocio y que recaudaría un poco de dinero como contribución a mi familia. Sin embargo, un día papá me encontró en ese trabajo y me pidió que le explicara qué estaba haciendo. Le mostré que mis herramientas consistían únicamente en un simple vaso, un poco de papel y mi aguja con ganchillo especial. Esperaba que papá me alabara. Pero entonces me preguntó de quién eran esas medias que yo reparaba. Cuando le dije los nombres de mis clientas, él se puso bravísimo.

"Eh, mi hija no les va a remendar esas medias hediondas a esas mujeres. ¡Lejos de ellas! Ellas son unas simples putas y tú no les vas a remendar nada!".

Agarró mi vaso y la aguja y con toda su fuerza los arrojó por encima de la cerca alta del campo. Ya no tengo el vaso, no tengo mi querida aguja, no tengo clientas, no tengo dinero, no tengo nada. Así terminó, con mis muy frecuentes lágrimas, mi primer empleo.

Tristezas y alegrías. Aquí va una alegría grande. Llamaron a nuestro papá a la estación de policía. Les llegó la noticia de la policía de San Benedetto di Tronto que una persona deseaba comprar el velero de papá. Ya verificaron los documentos de propiedad que papá les había enviado. Claro, papá se puso de acuerdo acerca del precio y un señor llegó al campo y efectuó la compra. Ahora ya éramos un poco más fuertes en las finanzas. Eso lo pensábamos cuidar como oro, porque el dinero que habíamos logrado traer con nosotros a Italia ya se estaba acabando. Tú ves, cuando menos lo esperas el sol te sonríe. Después de la lluvia siempre sale el sol.

Los días pasaban lentamente, especialmente para mis padres. Sin trabajo, sin posibilidad de planificar el futuro. Para ellos eso era una vida sin sentido. Cada día era igualito, ningún cambio. Todos esperábamos recibir permisos para ir a alguno de los países donde queríamos ir. Papá siempre leía el pizarrón y seguía los anuncios sobre las posibilidades de emigrar. Él se anotó para emigrar a los Estados Unidos, Canadá o Australia. Casi todos pedían esos países. Pero vimos que, justamente para esos países, había que esperar mucho tiempo para obtener permisos. Unas familias esperaban ya más de un año y fue imposible que emigraran a los países donde querían ir y donde muchos de ellos tenían sus familiares, que los invitaban allá.

Pasó el otoño, pasó el invierno. Llegó la primavera de 1955. Salió un aviso para muchachas que podían emigrar a Australia ese mismo verano. Pero solo muchachas jóvenes, no sus familias. Las buscaban para hacer trabajos de casa o que trabajaran como niñeras en familias con niños. Leí ese aviso y corrí donde mis padres para decirles que yo quería ir. Trabajaré allá, cuidaré niñitos o estaré ayudando en las labores de casa o algo similar. Trabajaré muy duro y ganaré dinero para que mi familia se reúna conmigo. Me dijeron al unísono que no se hablara del tema. Papá dijo que él no me tuvo para que yo fuera niñera o ayudante de casa. Y yo nuevamente obediente. Nada de eso. Dos jóvenes sí se fueron a Australia.

Poco tiempo después, en mayo de 1955, papá nos invita nuevamente a una reunión familiar. Esta vez fuimos al patio, allá podíamos hablar sin que nadie nos escuchara. En la pizarra de anuncios había uno donde se informaba que había la posibilidad para familias de emigrar a Chile en el corto plazo. Allá los esperaría un acomodo temporal y la estadía pagada para tres meses después de la llegada. Las personas interesadas deberían ir a conversar con el director del campo. Papá dijo que él ya no aguantaba seguir tan inactivo durante la espera. Propuso que aprovecháramos esa oportunidad, porque no se sabía cuánto tiempo más tendríamos que esperar para emigrar a los Estados Unidos, Canadá o Australia. Mamá como siempre, "Lo que diga papá". A mí esa idea no me gustó, Chile me parecía demasiado lejos. A Mirko le daba lo mismo. Conclusión de la reunión: viajaremos a Chile. Y nos anotamos para Chile. Enseguida escribí a mis amigas. Les dije que me es difícil haber perdido todo un año escolar en Italia y que en Chile seguro podré continuar mis estudios. Sabía que la vida me alejaría todavía más del lugar de mi infancia. Quedarían solo los recuerdos.

Siguió la preparación para el nuevo viaje. De nuestro campo, solo nosotros decidimos emigrar a Chile. Los demás prefirieron esperar para emigrar a los destinos que les interesaban. En la oficina de policía en nuestro campo nos dieron todas las instrucciones. Siguió la despedida de nuestros murterinos y demás amigos del campo. Para mí fue muy duro separarme de mi amiga Marta. También me costó despedirme de los miembros de nuestra estación de policía, de las trabajadoras de la cocina, y hasta de las monjas. Ellos siempre fueron amables con todos nosotros, especialmente con los niños. Las despedidas siempre son tristes.

Muchos de nuestros conocidos del campo se reunieron alrededor de la salida para acompañarnos hasta el automóvil que nos llevaría a Napoles, para subir al barco que nos llevaría a Chile. Algunos saludaban con las manos, y algunos lloraron.

Quizás la vida en el campo fue pobre en contenido, pero creo que fue rica para mi madurez. Aprendí a apreciar y disfrutar de muchas cosas pequeñas que la vida nos ofrece, y que nos alegran. Esto es evidente en uno de mis poemas, que termina así:

MI ORO
Eh, esa rama, esa flor, esa canción,
esa nube, esa piedra, ese viento,

ese mar que siempre cambia de color,
ese es mi oro.

Así terminó esa primera parte de nuestra emigración en el refugio que nos facilitó la espera hasta el día del viaje a nuestro siguiente destino, Chile.

VIAJE A AMÉRICA

Y llegó el día tan esperado. Era el 19 de junio de 1955. Llegamos frente a un gran barco. En la proa estaba escrito USODIMARE. Había mucha gente delante del barco, los pasajeros y sus acompañantes. El conductor que nos llevó del campo al barco esperó con nosotros mucho tiempo hasta que subimos a bordo. Apenas habíamos pasado el control de entrada del barco, él nos saludó con la mano y se fue.

Un marinero nos llevó hasta nuestro camarote. Era una cabina estrecha. Y en ella había otra vez dos camas literas. El abordaje continuó varias horas más. Nosotros decidimos quedarnos en el camarote y esperar a que el barco zarpara.

El barco zarpó y pronto nos invitaron al comedor a cenar. Yo no tenía apetito, porque el barco balanceaba mucho yo me sentía mal. Ya de regreso al camarote comencé a vomitar. Eso hizo que mi viaje no fuera agradable. A veces ni siquiera podía ir al comedor y mis padres me traían la comida al camarote. Cuando el mar estaba más tranquilo, el viaje era agradable. Al día siguiente de haber embarcado, decidimos dar un paseo por el barco en la mañana. Fue maravilloso sentir el viento fresco del verano y admirar todos los paisajes nuevos y bonitos.

Foto 20: El barco "Antoniotto Usodimare"

Me sentí mucho mejor en la cubierta, y además el barco se balanceaba menos que el día anterior. Traté de estar en el camarote lo menos posible. Allá siempre me mareaba. Papá se enteró de algunas cosas sobre el barco en conversaciones con la tripulación. Era el barco "Antoniotto Usodimare", de la Línea Flotta Lauro. Le dijeron que ese sería, en realidad, su último viaje a través del océano. Era más un barco de carga que un barco de pasajeros. Se veía en todo que el barco estaba muy desgastado. En él no había ningún lujo, en absoluto. Pero navegaba heroicamente por el mar tranquilo y también por el mar embravecido.

Papá tenía un diccionario croata-español, español-croata pequeño, turístico. Ya los primeros días de nuestro viaje, papá y yo conseguimos un lugar conveniente en la popa del barco donde podríamos estar solos y estudiar español. Lamentablemente, en ese diccionario no había mucha gramática y, prácticamente, aprendíamos solo el significado de las palabras. Con una mano cubríamos la lista de palabras croatas y adivinábamos sus significados en español. Luego al revés, del español al croata: casa - kuća, árbol - stablo, ventana - prozor, etcétera. Los dos estábamos de acuerdo en que a mí me iba mejor que a papá.

Después de unos días, durante nuestra "clase", se nos acercó un joven sacerdote franciscano, español, con su vestimenta marrón oscuro. Nos preguntó quiénes éramos y qué era lo que estábamos estudiando. Le contestamos en italiano y le explicamos que no sabíamos hablar español en absoluto, y que teníamos intención de vivir en Chile. Él se ofreció a ayudarnos. Dijo que viajaba solo hasta Perú. Enseguida nos pidió que lo llamáramos Juan. Así, tuvimos un profesor todas las mañanas después del desayuno y todas las tardes, siempre en el mismo lugar. Luego se nos acercó un guapo joven italiano alto y nos pidió que lo admitiéramos en nuestras clases. Se llamaba Lucio, venía de Nápoles y viajaba a Venezuela.

Estuvimos de acuerdo y así eso se convirtió en una verdadera escuela. Juan era muy agradable, atento, paciente y muy útil para nosotros. Lucio se hizo amigo de papá. Después de nuestras clases, ellos a menudo paseaban por el barco. Lucio le dijo que dejó a su novia en Nápoles, y que la traería a Venezuela cuando se instalara.

Había un croata más en ese barco, un joven de nombre Vlado. Él no se integró a nuestras clases de idioma español, pero paseaba a menudo con nosotros. Mis padres también se encariñaron con él. Él hablaba solo croata, por eso siempre buscaba nuestra compañía. Un día el capitán mandó a llamar a mi papá para que fuera a su cabina. Allá el capitán le informó que en el barco había un paisano nuestro, Vlado, y que él había recibido un mensaje, desde Roma, de un sacerdote croata para deportarlo, porque le había robado 400 dólares a ese sacerdote, con quien había residido varios meses. Papá le dijo que nosotros no conocíamos a ese joven, pero que parecía ser una buena persona. Cuando el capitán le dijo a papá el nombre del sacerdote, papá sabía de quien se trataba. Entonces papá fue a hablar con Vlado. Él admitió todo y dijo que, entre los refugiados croatas en Italia, ese sacerdote era conocido como ladrón, porque gran parte del dinero que la Iglesia le daba para ayudar a los refugiados él se lo metía en su bolsillo. Papá no quería alabar a Vlado, solo quería disminuir su pecado, porque comprendió que un ladrón había robado a otro ladrón. Papá regresó para hablar con el capitán y le contó lo que había averiguado de Vlado. Papá nos dijo que cuando le contó todo al capitán, éste se había reído mucho. Decidió dejar que Vlado continuara su viaje. Naturalmente, papá enseguida se lo contó a Vlado y a todos nosotros. Eso acercó a Vlado aún más a nuestra familia.

El primer puerto en el que atracó el barco fue el de Barcelona, en España. Allá pasamos todo el día y se nos permitió a todos los pasajeros pasear por la ciudad, pero con la condición de que tendríamos que regresar al barco a tiempo. Ese día no hubo clase de español, tuvimos un día libre. Así nosotros, la gente de Šibenik, paseamos por la bellísima ciudad de Barcelona y admiramos sus edificaciones, parques e iglesias hermosas.

Sin embargo, tuvimos que esperar a que cargaran las mercancías en el barco. Estaban cargando unas grandes cajas de madera, que me ayudaron a aprender mi primera oración completa en español, la que estaba escrita en ellas: *Los vinos chilenos se beben en todo el mundo*. No sabía que los vinos chilenos eran conocidos en todo el mundo.

Luego navegamos por el Mediterráneo y pronto pasamos por el estrecho de Gibraltar, que separa Europa de África. Dejamos el Mar Mediterráneo y entramos en el Océano Atlántico. Por tanto, nos dirigíamos a América del Sur. Ya no hubo tierra a la vista por mucho tiempo, solo el océano alrededor de nosotros. Allá el barco se movió mucho durante varios días. Pero nuestras clases continuaron intensivamente.

Sentimos que, después de todo, estábamos aprendiendo algo. Juan siempre nos animaba y alababa. Estaba contento con nosotros. Cada día nos daba tareas, que teníamos que aprender y escribir para la clase de la tarde. Luego él las corregía y en la mañana siguiente recibíamos nuestras tareas corregidas, todas rayadas con lápiz rojo. Eso no me gustaba. Me imaginaba que si yo algún día llegara a ser profesora, no utilizaría lápiz rojo para corregir trabajos.

Después de una larga navegación, entramos en el Mar Caribe. Pronto nos acercaríamos a Venezuela. Después de diecisiete días de viaje, más exactamente, el día 6 de julio, llegamos al puerto venezolano de La Guayra. Lamentamos que nuestro Lucio se quedara ahí. De alguna manera lo sentíamos como parte de nuestra familia, pero nuestros caminos de vida eran diferentes. Todos lo abrazamos. Lucio me dio la dirección de su amigo en Caracas y me pidió que le informara de cómo nos iba en Chile. Él fue uno de los primeros que se desembarcó. Un amigo suyo lo estaba esperando en el puerto y se fueron. El barco se quedó en ese puerto todo el día y nosotros pudimos dar un paseo por la ciudad. Era domingo. La Guayra es un pueblo pequeño. Pasamos por una iglesia, llena de gente. La misa había apenas comenzado, y nosotros decidimos entrar. Pero todos nos miraron raro y nos hacían señales poniendo manos sobre sus cabezas. Entonces se nos acercó una señora, nos decía algo y acompañaba su discurso con las manos. Nos dimos cuenta de que las mujeres debían tener pañuelos en las cabezas durante la misa. Vimos que todas las mujeres tenían hermosos velos de encaje. Nos retiramos y salimos de la iglesia. Mucho más tarde supimos que esa era una costumbre en todas las iglesias, que duró unos años más, hasta que fue abolida. Continuamos nuestro paseo por el pueblo. Papá nos compró una fruta rara en el mercado del pueblo. Estaba rica. Y seguimos nuestro viaje sin Lucio.

El siguiente puerto donde nos paramos era Cartagena, Colombia. Allá no podíamos desembarcar, porque el barco se quedaba en ese puerto solo varias horas. Subieron la carga y continuamos enseguida. Ese fue nuestro último puerto en el Mar Caribe.

Nos quedaban todavía varios días de balanceo en el barco. Estábamos acercándonos al Canal de Panamá, que se encuentra entre el Océano Atlántico (el Mar Caribe) y el Océano Pacífico. Se comenzó a hablar en el barco de cómo sería ese canal. La mayoría de los pasajeros lo describían como un gran milagro. Y llegó ese día. El barco desaceleró su navegación y poco a poco se iba acercando al canal. A la izquierda quedaba América del Sur, y a la derecha América Central. En el lado izquierdo se veía la ciudad de Colón e inmediatamente después estaba la entrada al estrecho. El barco se detuvo. Delante del barco había una cerca grande y alta.

Un miembro de la tripulación se encontraba entre los viajeros reunidos y nos explicó que el Canal de Panamá fue excavado artificialmente, y que tenía 77 kilómetros de largo.

Fue construido en 1914 y se encuentra a 26 metros sobre el nivel de mar, de modo que hay que subir los barcos a esa altura. Los barcos ascienden a ese nivel a través de tres cámaras. El barco se acerca a la puerta gigante de acero, que se abre lentamente y el barco navega hacia la primera cámara grande. La puerta se cierra detrás del barco y la cámara comienza a llenarse de agua. Cuando se llena con la cantidad de agua adecuada, el barco ya alcanza la altura del nivel del mar. Entonces se abre la segunda puerta de acero delante de la proa del barco.

El barco entonces navega a la segunda cámara y nuevamente se eleva de la misma manera. Ahora se abre última puerta de acero delante del barco y el barco navega al tercer nivel, esta vez a Gatún, el lago Gatún, construido artificialmente, por el cual navega unos 13 kilómetros. En ese lago el barco se encuentra ya a 26 metros sobre el nivel del mar. Finalmente, al final de la navegación por ese lago, el barco baja al nivel del mar, nuevamente a través de tres cámaras, divididas por las enormes puertas de acero. Es decir, de la misma manera en que se subió al lago, solo que esta vez en dirección descendiente.

Ahora describo cómo nosotros, los pasajeros, experimentamos el paso a través de esa maravilla. Delante de nosotros estaba una valla grande. Esa era, en realidad, una puerta gigantesca de acero que comenzó a abrirse lentamente. Cuando la puerta se abrió completamente, nuestro barco navegó hacia una especie de una gran piscina, y se detuvo. La puerta de acero detrás de nosotros comenzó a cerrarse, poco a poco. Cuando ya estaba completamente cerrada, nos encontramos completamente cercados en una piscina grande y profunda, rodeados de paredes de cemento del lado izquierdo y derecho; detrás de nosotros la puerta de acero estaba cerrada, y delante del barco, había otra puerta de acero alta y también cerrada. Aparte de las paredes y las puertas, solo veíamos el cielo sobre nosotros. El barco comenzó a ascender, porque la piscina se llenaba de agua. Ese proceso de ascenso duró mucho tiempo. Cuando el proceso terminó, nuestro barco se encontraba a nivel del mar.

Comenzó a abrirse delante de nosotros la segunda puerta de acero, poco a poco. Una fuerte lluvia tropical estaba cayendo a cántaros y todos los viajeros tuvimos que escaparnos de la cubierta y no pudimos ver lo que estaba sucediendo. Sin embargo, sentimos que la puerta estaba ya completamente abierta, porque nuestro barco navegó a la segunda piscina. Se sintió el sonido de la puerta de acero detrás de nosotros, que comenzó a cerrarse. Siguió el mismo proceso, la piscina comenzó a llenarse de agua y nuestro barco fue ascendiendo poco a poco. Cesó la lluvia, y todos corrimos a la cubierta para ver lo que estaba pasando a nuestro alrededor. Cuando el barco dejó de ascender, nuevamente se cerró la puerta de acero detrás de nosotros. En ese momento estábamos todavía más altos sobre que el nivel del mar.

Nuestro barco entró finalmente a la tercera, última piscina, pero allí era diferente. Cuando esa tercera piscina comenzó a llenarse de agua, el barco nuevamente comenzó a ascender poco a poco. Vimos con asombro cómo en las orillas, a la izquierda y a la derecha, se asomaban las puntas de los árboles, luego los techos de algunas casas, y luego los árboles y las casas completas. Eso iba muy lentamente y al final vimos las casas en la orilla izquierda. Pensamos que estábamos en la tercera piscina, pero no, esa no era una piscina, sino el lago artificial de Gatún, según nos explicaron los miembros de la tripulación. Nuestro barco se encontraba ya a 26 metros sobre el nivel del Mar Caribe, que habíamos dejado atrás. El barco navegó por el lago de Gatún, después de lo cual llegamos a una enorme puerta de acero. Cuando esa puerta se abrió, el barco entró nuevamente en una piscina grande. Allí comenzó el descenso del barco por tres piscinas, es decir, igual como había ascendido, solo que esta vez en sentido opuesto, hacia abajo. La primera piscina hacia abajo, luego la segunda piscina hacia más abajo y, cuando bajó a la tercera piscina, se abrió la puerta de acero delante de nosotros, y nos encontrábamos en el Golfo de Panamá, que conduce al Océano Pacífico. Todo este proceso de ascenso y descenso duró alrededor de unas doce horas.

Foto 21: Cámaras del Canal de Panamá

Fue interesante enterarnos de que el capitán no dirige el barco durante toda la travesía por el Canal de Panamá. El personal panameño aborda el barco y lo conduce a través del canal.

Es difícil describir la emoción que sentía en esa travesía desde el Mar Caribe hasta el Golfo de Panamá, es decir, del Océano Atlántico hacia el Océano Pacífico. Fue emocionante, inolvidable, único, algo inimaginable, nunca visto por mí, digno de admirar. Pero también sentía una mezcla de temor y respeto ante ese gigante, ese invento tecnológico creado para el bien del hombre.

En el Golfo de Panamá se encuentra la ciudad de Bilbao, donde el barco atracó para el embarque y desembarque de mercancías. Allí nosotros, los viajeros, tuvimos a nuestra disposición unas horas para pasear por la ciudad. Claro, Vlado también paseó con nosotros. Mamá vió en una vidriera unos electrodomésticos y dijo que le gustaban unas ollas. Vlado entró a la tienda y le regaló a mamá nuestras primeras ollas, en las que mamá algo mas tarde cocinó para nosotros por primera vez en América. Vlado dijo que eso fue en agradecimiento a que papá lo salvó de la deportación. Lamentablemente, Vlado nunca tuvo la suerte de comer de esas ollas, porque poco después de nuestra llegada a Chile él viajó al sur de Chile y no lo vimos mas. Papá nos brindó helados. Ese helado fue mágico para mí, también inolvidable. Tenía el nombre de Banana Split. Y eso fue una novedad para mí. En ese helado había una banana cortada por la mitad a lo largo, pero ese helado no tenía nada que ver con mi ciudad natal de Split. Lo memoricé bien.

Esa misma noche zarpamos del Golfo de Panamá y continuamos nuestra navegación por el Océano Pacífico. Ahora navegábamos constantemente a lo largo del continente, hacia el sur. El primer puerto donde atracó el barco fue Buenaventura, en Colombia. Allí también disponíamos de todo el día para dar un paseo por la ciudad. Nuestro profesor Juan nos asignó una tarea a papá y a mí. Nos pidió que, al volver al barco, escribiéramos una tarea que él corregiría al día siguiente. La tarea consistía en una descripción de la ciudad de Buenaventura. Así esa tarde regresamos al barco, cenamos, y papá y yo nos pusimos a escribir la tarea, cada quien en su rincón de nuestro camarote. En la mañana le entregamos a Juan esas tareas. Yo estaba convencida de que mi descripción de esa ciudad sería bastante buena, hasta que Juan llegó a nuestra "clase" y nos entregó los papeles corregidos. ¡Qué horror! Ambas tareas estaban rayadas con observaciones, nuevamente en color rojo. Confirmé nuevamente mi decisión de que, si algún día me convierto en profesora de inglés, nunca corregiré tareas con color rojo. Ese día en la clase solo escuchábamos a Juan. Nos enseñó cómo corregir nuestros errores, uno por uno. Al ver nuestra decepción, quiso calmarnos un poco y nos explicó que en la vida siempre se aprende mejor de los errores propios.

Después de unos días de navegación llegamos al ecuador, y hasta el propio país de Ecuador. Pocos días antes de nuestra llegada a dicho país, los mesoneros nos aconsejaron que guardáramos las manzanas que nos servían cada noche como postre, porque en Ecuador podríamos cambiarlas por bananas finas, recién cosechadas que allá nos ofrecerían los nativos desde sus barquitos. La banana en esa época representaba en Europa una fruta muy exótica que la mayoría de nosotros no habíamos comido nunca. Nos dijeron que preparáramos unas cuerdas para poder hacer el cambalache.

Nos acercamos al puerto de Guayaquil en Ecuador, que se encuentra en una gran bahía, no lejos de la ciudad de Quito. Allí no pudimos salir del barco. Nos esperaron muchos barquitos llenos de bananas. Cuando el barco se detuvo, los barquitos se acercaron a nuestro barco. Entonces todos nos apresuramos a conseguir bananas. Mi hermano Mirko y yo amarramos solo dos manzanas a la cuerda y las bajamos a uno de los barquitos. El dueño del barquito las tomó y colgó en nuestra cuerda un gran racimo de bananas, algo así como unas diez bananas. Nunca antes nosotros habíamos visto que las banans crecen en racimos grandes, no por separado como la mayoría de las frutas. Tomamos nuestras bananas y corrimos emocionados a nuestro camarote donde nos esperaban nuestros padres. Pensamos que la gente del barquito se había equivocado y nos había dado muchas bananas por nuestras dos manzanas. Dejamos las bananas en el camarote, amarramos nuevamente dos manzanas y de nuevo al trabajo. Bajamos nuestras dos manzanas y nuevamente subimos al barco unas diez bananas. Comprendimos que ese era el precio oficial de las bananas, que no se trataba de una equivocación. Obviamente ellos apreciaban mucho las manzanas. Llevamos nuestras bananas al camarote. Habíamos preparado todavía varias manzanas, pero no queríamos más bananas, ya que teníamos suficientes para el resto del viaje. Esas bananas eran muy buenas, llegaron directamente de las matas a nuestro camarote. Tenían un excelente sabor y olor.

 En menos de dos días llegamos a Perú. Allí el barco atracó en el puerto de Callao, cerca de Lima, la capital. No se nos permitió bajar del barco. Solo descargaron una carga, cargaron otra y continuamos el viaje. Allí nos despedimos de nuestro querido maestro Juan. Él nos deseó suerte en nuestro nuevo lugar de residencia. Nosotros le agradecimos su enseñanza de español y le deseamos un trabajo exitoso en Lima. Una despedida más que a uno siempre lo entristece.

Seguimos navegando cerca del continente. Admirábamos los paisajes por los cuales estábamos pasando. Dejamos Perú y vimos, de paso, el primer pueblo de Chile, Arica. Solo se veían grandes salinas, una industria chilena muy importante en esa época. Pronto atracamos en el siguiente puerto, la ciudad de Antogafasta. Allí disponíamos de casi todo un día para pasear. Hacía mucho calor. Nos advirtieron que en esa ciudad casi nunca llueve. Eso lo observamos enseguida, porque durante todo nuestro paseo vimos solo seis árboles, una especie de pinos. Esa pequeña ciudad posee principalmente una calle bastante ancha, sin vegetación alguna. Nos sorprendieron los carteles en muchas casas y edificios, en los que se anunciaban profesionales, médicos, abogados, fiscales, traductores y obreros varios. La mayoría de esos profesionales tenían apellidos croatas, lo cual nos dejó sorprendidos y nos alegró mucho. Quiere decir que nuestros profesionales son conocidos en Chile, lo mismo que los vinos chilenos son conocidos en todo el mundo. Enseguida nos enteramos que en Chile vivían muchos paisanos nuestros. Antofagasta es una ciudad que ha quedado en mis recuerdos como una ciudad verdaderamente triste, probablemente porque reflejaba una gran sequía, falta de vegetación y una naturaleza pobre.

Estábamos emocionados, porque en menos de dos días

estaríamos llegando a Valparaíso, un puerto cercano a Santiago de Chile, nuestro último destino.

LLEGADA A CHILE

Después de exactamente 29 días de viaje en barco, es decir, el 18 de julio de 1955, llegamos a Valparaíso, el puerto no lejos de Santiago, la capital de Chile. Todos estábamos emocionados, aunque no lo mencionamos. Empacamos nuestras maletas, todos los bienes materiales que poseíamos. No había lugar para la tristeza. Estábamos llenos de esperanza, deseos, expectativas e ilusiones de que nuestra nueva patria nos gustaría. Nos ayudó mucho nuestra fe en Dios.

El desembarco fue lento, porque la mayoría de los pasajeros iba justamente a Chile. A la salida nos esperaba un señor, quien se presentó como representante de la organización que nos había patrocinado. Él nos dijo que nos llevaría a la pensión de una familia yugoslava, donde nos alojarían por un tiempo. Nos dijo enseguida que allá nos darían una habitación. Para la comida tendríamos que ponernos de acuerdo con la patrona de la pensión. Y después de eso habríamos de planificar qué hacer y dónde vivir. En la pensión nos esperaba la patrona. A su hija y el esposo los conocimos la misma noche. Ella nos dijo que, si queríamos, ella podría prepararnos el almuerzo, pero que, lógicamente, tendríamos que pagar cada día. Tendremos que ver qué hacemos con las otras comidas. Aceptamos enseguida que nos sirvieran el almuerzo. Nosotros nos encargaríamos de las otras comidas.

La dueña no nos gustó mucho. Era muy fría y formal. Nos hizo saber que ellos se comprometieron a aceptarnos por tres meses, y después de eso tendríamos que encontrar un lugar para mudarnos. A papá no le gustó en absoluto el que tuvieran la foto del Rey Pedro de Serbia en la pared del comedor. A mí no me quedó muy claro el por qué y papá no se molestó en explicármelo.

Ya era de noche cuando llegaron a la pensión el esposo y Jasminka, la hija de nuestra patrona, una joven de unos treinta años. Ellos eran mucho más amables y conversaron bastante con nosotros. Les interesó saber quiénes éramos, por qué emigrábamos y muchas otras cosas.

Nuestro cuarto era bastante grande. Teníamos cuatro camas, nuevamente dos literas. Mirko y yo dormimos en las camas de arriba. Había solo un pequeño armario, así que teníamos que dejar una gran parte de nuestras pertenencias en maletas. También teníamos una mesa pequeña con dos sillas. Nos dieron ropa de cama y toallas.

Papá tenía la dirección de una familia croata que vivía en Santiago. Ya en la tarde del segundo día fue a visitarlos. Era la familia Hladni: Ivo, el padre, Milica, la mamá, Joško, el hijo de

16 años, y la hija Mirjana, de 18. Conversó un poco con ellos. Eran muy amables y nos invitaron a almorzar en su casa el sábado siguiente. Ellos eran nuestro único contacto en Santiago.

Nuestro primer almuerzo en la pensión fue una sorpresa. Lo bueno era que nos pareció no muy caro. También nos sorprendió que fue la misma patrona la que nos lo sirvió en el comedor familiar. Nos sirvió una sopa transparente y una rebanada de pan. En la sopa había un trozo de carne hervida y dos papas grandes hervidas. Nos explicó que la sopa era el primer plato, y la carne y las papas, el segundo. Eso fue todo. Me acordé de nuestras ollas de aluminio en el campo, en las que nos daban comida abundante, y a veces nos las llenaban de nuevo. Todos los almuerzos siguientes eran mas o menos iguales. La comida no era ni buena, ni suficiente.

El sábado que pasamos con la familia Hladni fue muy importante para nosotros. Cuando llegamos a su casa, la señora Milica no se encontraba todavía allí, porque había ido al correo a enviarle una carta a su madre en Croacia. Cada mes ella le metía diez dólares en su carta como ayuda. Todos nos sorprendimos un poco, nos pareció que eso no era una ayuda suficiente para su madre. Se quejaron de que la vida en Chile era muy difícil, especialmente para los recién llegados. Ellos ya vivían dos años en Chile, pero vivían muy modestamente. Estaban considerando mudarse a otro lugar, pero no tenían la posibilidad para hacerlo. A pesar de la sencillez con la que vivían, nos ofrecieron un almuerzo bueno y suficiente. Además, nos dieron mucha información importante.

Apenas llegamos a casa, papá comenzó el tema de que le parecía que nuestra decisión de venir a Chile quizás no fue la mejor. La familia Hladni nos asustó bastante. Pero todavía era demasiado pronto para tomar decisiones. Trataríamos de esforzarnos todo lo posible. Papá comenzó enseguida a buscar un trabajo. Salía de la casa en la mañana y regresaba al mediodía para almorzar. Descansaba un poco y luego seguía buscando trabajo de nuevo en la calle. Nos dijo que entraba en las tiendas y preguntaba si había un trabajo para él. Siempre recibía una respuesta negativa.

Después de unos días, el dueño de la pensión nos dijo que él tenía una pequeña industria de plásticos. Su hija trabajaba allá con él. Nos ofrecieron que yo fuera a su empresa para trabajar como obrera y así ganar algo. Mis padres no estaban emocionados, pero yo lo acepté inmediatamente. Al día siguiente yo fui con ellos a su empresa. Papá también fue con nosotros para ver dónde era el lugar de su fábrica. Dijo que iba a venir a buscarme después del trabajo, y regresaríamos juntos a casa. Había dos oficinas, una grande, con unas diez obreras en ella, y una pequeña, donde la hija del dueño tenía su mesa de trabajo. Esas dos oficinas estaban divididas por una ventana grande de vidrio, de modo que Jasminka podía supervisar a las obreras constantemente. Jasminka me llevó a la oficina donde trabajaban las obreras, me las presentó, me ofreció una silla y a su lado puso dos canastas grandes. Todas las obreras tenían dos canastas grandes al lado de sus sillas. Me explicaron cómo era el trabajo allá. En una canasta había unas bases plásticas marrones para chupetas de bebé. Cada base estaba unida por dos mitades iguales. Pero esas bases salían de la máquina con un poco de exceso de plástico en el lugar donde estaban unidas. Y nosotras, las obreras, teníamos que tomar las chupetas, una por una, y teníamos que raspar con un cuchillito y quitar ese exceso de plástico, y luego ponerlas en la otra canasta. Mi trabajo entonces era sentarme en mi silla, tomar las chupetas una por una, quitarles cuidadosamente el exceso de plástico y ponerlas en su canasta. Como ese era un trabajo totalmente mecánico que no requería ninguna sabiduría ni concentración, comencé a fantasear. Aquí estoy yo, que me imaginaba en mi primer trabajo como profesora de idioma inglés en alguna escuela en mi ciudad de Šibenik, sentada aquí limpiando plásticos. Me puse a pensar en mis compañeras en Šibenik, imaginando como ellas estarían sentadas en sus pupitres y prepararándose para el futuro. Todas esas meditaciones mías estaban acompañadas de lágrimas, que aumentaban con el tiempo. Jasminka, que lo veía todo desde su oficina, vino a buscarme y me llevó a su oficina. Quiso tranquilizarme, me ofreció agua. Me preguntó qué me estaba pasando, y yo me quedé callada y seguí llorando ¿Cómo podía explicarle qué era lo que me estába pasando? ¡Como si ella pudiera entenderme! Al final del día, la canasta que debería haber ido llenando se había quedado casi vacía, mientras que las otras obreras llenaron sus canastas hasta el borde y se fueron a sus casas. Cuando salí de la fábrica, mi papá me estaba esperando. Pero Jasminka salió conmigo y le contó a papá lo que había sucedido. Le aconsejó que al día siguiente no me mandara al trabajo. Yo le describí a papá mi día, poco a poco. Para calmarme, él me compró un dulce en una panadería. Y así terminó mi primer día de trabajo en Santiago.

Papá consiguió un trabajo. Revendía las cosas que le confiaba un comerciante. Mi papá es nuevamente un comerciante. Se decidió que no íbamos a quedarnos en Chile. Allá la vida parecía difícil y, para nosotros, demasiado difícil. Papá le escribió a su buen amigo Adolfo, su compañero de vida estudiantil, quien había emigrado a Venezuela un año antes y con quien había mantenido correspondencia. Adolfo le dijo que la vida en Venezuela era buena, había trabajo para todos y las condiciones de vida y las ganancias eran muy favorables. Le dijo que él y Marija, su esposa, podrían ayudarle al comienzo, si decidíamos mudarnos allá. Así papá enseguida se decidió por una nueva mudanza. Esta vez Venezuela estaba en sus planes.

Comenzaron nuevos problemas. Para empezar, aquella organización que patrocinaba a los emigrantes croatas no nos ayudaría más, porque su compromiso había sido nuestro primer destino. Papá averiguó el precio del viaje en barco Valparaiso – La Guayra. Teníamos dinero solo para la compra de dos pasajes, y para dejar un poco de dinero a mamá. En vista de que no teníamos suficientes medios para viajar todos juntos, decidimos viajar papá y yo. Mamá y Mirko vendrán cuando fuera posible. De acuerdo. Se decidió así. Otro problema era que no teníamos pasaportes. Es decir, nosotros llegamos a Chile como apátridas, personas sin nacionalidad. Papá estaba trabajando para resolverlo. Logró conseguir pasaportes como apátridas para todos nosotros.

Antes del viaje, papá y yo tuvimos que conseguir un certificado de salud. Fuimos todos juntos a un hospital. Allá a papá y a mí nos sacaron sangre y nos dijeron que buscáramos el certificado en dos días. Había unas escaleras anchas que bajaban desde el hospital hasta la avenida. Yo me sentí mal y comencé a caerme. Papá y mamá me agarraron cada uno de un lado, viendo que me estaba desmayando. Claro, estaba pasando hambre, no habíamos comido lo suficiente desde hacía ya dos meses, y a mí me habían sacado sangre. Mis padres me ayudaron a recuperar el sentido y, a la vuelta de la primera esquina, me sentaron en un banco para que pudiera recuperarme. Yo estaba muy débil y con su ayuda apenas pude llegar a casa. Papá inmediatamente descubrió cómo resolver este nuevo problema. Fue a una tienda, compró una cocinita, una botella del buen vino chileno, un pan fino redondo con un hueco en el medio, como lo que en Dalmacia llaman "el dulce", y bastantes manzanas, que eran unas de las frutas más baratas en Chile. Y entonces, a escondidas, sin que la dueña se diera cuenta, cocinaron en nuestra habitación compota de manzanas con mucho azúcar. Y yo tenía que beber eso en grandes cantidades. En la mañana, para el desayuno me ponían vino en un vaso alto; partían por la mitad aquel pan fino duro y redondo llamado "el triestino", y me lo daban para mojarlo en vino y comerlo; me dijeron que para fortalecerme. Ese desayuno no me gustaba en absoluto, pero había que viajar. Y así resolvimos el problema de mi salud. Teníamos miedo de que los resultados del hospital no fueran buenos y que quizás por eso no obtendríamos el certificado de salud que necesitábamos. Pero lo conseguimos. Ese día tomé una decisión importante, que más nunca en mi vida tendría hambre. No le hablé a nadie de esa decisión mía. Trabajaré todo lo que sea necesario, pero no pasaré hambre.

Me recuperé pronto. Considero que la compota de manzanas me ayudó y también el pastel que ocasionalmente mis padres me compraban en la panadería. Pero, afortunadamente, pronto dejé de tomar vino con pan, que no me gustaba. Estábamos esperando que se determinara la fecha de viaje para comprar los pasajes. Entre tanto, tan pronto como me sentí mejor, me inscribí en un curso de mecanografía cerca de nuestra casa. Pensé que quizás eso podría ayudarme en el futuro si no podía ser profesora. Éramos unos diez estudiantes, pero solo yo no sabía el español. Todos eran muy amables y simpáticos conmigo. Al principio el profesor solo leía letras, luego palabras, y luego oraciones enteras. Tuvimos que escribir con los diez dedos. Eso me gustaba mucho. A veces el profesor encargaba a alguno de los estudiantes a dictar palabras y oraciones. Un día Anica tuvo que dictar. Yo me resistí porque no sabía el idioma, pero todos dijeron que tenía que dictarlo. Y así yo comencé a hablar. Unos días más tarde una de las estudiantes estaba de cumpleaños y me invitó a ir a su fiesta. Le dije que mis padres no me dejarían ir. Mentí. Ni siquiera les dije a mis padres que me habían invitado a una fiesta. Los tiempos no estaban como para comprar regalos. Asistí a ese curso un poco más de un mes, hasta nuestra salida de Chile. No pude terminar ese curso, porque había que viajar. Nuevamente hubo una despedida en la que no me sentí bien.

Después de dos meses de estadía en Santiago, a mediados de septiembre, fue mi cumpleaños número 17. Lo celebramos modestamente. Como regalo recibí un jabón fino con aroma a limón. Desde entonces adoro el aroma de limón.

Papá estaba arreglando los documentos para todos nosotros, pero solo él y yo salimos ya a mediados de octubre con el barco para Venezuela. Nosotros vivimos en Santiago exactamente tres meses. Nuestra despedida de mamá y Mirko no fue fácil. Pero la vida ya nos había fortalecido bastante, ese fue solo otro en una serie de momentos duros en nuestras vidas. Sin embargo, esperábamos que llegarían tiempos mejores.

VENEZUELA – EL ÚLTIMO DESTINO

Entonces, papá y yo nos dirigimos a Venezuela en un barco nuevo. No recuerdo el nombre del barco. Pero el viaje era nuevamente el mismo, solo que en dirección opuesta. Pasábamos nuevamente por los mismos puertos. Primero por Callao en Perú, Guayaquil en Ecuador, Buenaventura en Colombia y Bilbao. Nuevamente el Canal de Panamá. Nuevamente la misma emoción, asombro y admiración. Si bien los recuerdos de mi primera travesía por ese canal eran frescos, también esta vez eso fue muy emocionante. Luego entramos en el Mar Caribe y atracamos en Cartagena, Colombia, solo brevemente. Finalmente llegamos al puerto de la Guayra, nuestro destino.

    Nos desembarcamos con poco equipaje. Encontramos la estación de autobuses de donde salían autobuses para Caracas, la capital de Venezuela. Nuestros dos pasajes costaron caros. Nos quedaron solo seis dólares de nuestro capital. Cuando llegamos a Caracas, preguntamos cuál autobús local conducía a la dirección del Hogar Croata donde nos estaban esperando. El bus azul número 2, nos dijeron. Y llegó el número 2, pero nosotros no lo tomamos. Miramos para dónde iba. Caminamos hasta la calle donde el autobús dobló a la izquierda y allí esperamos el siguiente número 2. Lo seguimos también con la mirada y así llegamos a nuestra dirección: Viento a Cristo. Allá las direcciones no llevaban el nombre de las calles, sino los nombres de las esquinas. Entonces la esquina Viento con la esquina Cristo. Estábamos un poco mojados, porque en una parte de nuestra caminata llovió un poco.

La señora Petrić, quien entonces dirigía el Hogar Croata, junto con su esposo, nos recibió muy bien. Nos llevó enseguida a nuestra habitación con cuatro camas, otra vez dos literas. ¡Otra vez literas! Nos dijo que nos acomodáramos y ella nos serviría la cena y conversaría con nosotros.

Esa era una casa antigua con techo rojo, como todas las demás casas en el centro de la ciudad. Las casas estaban pintadas de varios colores alegres y alineadas una al lado de la otra, a lo largo de toda la calle.Tenían solo una puerta de entrada hacia la calle y dos o tres ventanas grandes con rejas de metal o de madera. Así era también la casa del Hogar Croata. En el interior tenía un patio grande con un hermoso jardín en el centro. Por ambos lados del jardín había construcciones bajas en las cuales estaban todos los espacios, incluyendo los cuartos. Al final del patio había un escenario ligeramente elevado, con piso de cemento, donde se celebraban ocasionalmente fiestas croatas.

La señora Petrić alquilaba varios cuartos, solamente a croatas, especialmente a los que acababan de llegar a Caracas. Nos dijo enseguida que ella nos serviría las tres comidas diarias y que eso y la habitación se lo pagaríamos cuando pudiéramos y sin ningún apuro. Le contamos brevemente nuestra historia, aunque ya Adolfo, el amigo de papá, le había hablado de nosotros y nos había recomendado. Al día siguiente nos visitó la familia Milohnoja: Adolfo, el amigo de papá, su esposa Marija y su hijo Raúl de seis años. Nos sentimos seguros, bienvenidos y queridos. La comida de la señora Petrić era realmente casera, excelente y abundante.

En el Hogar Croata conocimos muchos croatas que solían ir allá los fines de semana. También iba con frecuencia un joven de Slavonia, Milan, que enseguida me llamó la atención. Él también se fijó en mí. A veces había música croata en vivo y se bailaba. Me di cuenta de que a Milan no le gustaba que yo bailara con algún otro joven. Creo que él quería que yo bailara solo con él. Pero en ese entonces a mí me gustaba solo el baile, no los jóvenes.

Adolfo, el amigo de papá, ya había hablado con una agencia de viajes en relación con los boletos para nuestra mamá y Mirko. Fuimos allá, donde uno de los empleados era el señor Torbar, croata. Él enseguida habló con su jefe. Ese mismo día nos entregó dos boletos de barco para mamá y Mirko, y nos dijo que los pagáramos cuando pudiéramos. No tuvimos que firmar nada, todo fue en confianza. Cuando salimos de esa agencia de viajes con boletos en las manos, nosotros no caminamos, nosotros volábamos. Al día siguiente esos boletos estaban en el correo camino a Santiago. De modo que mamá y Mirko llegaron a Caracas ya en el mes de noviembre, un mes después de nosotros. Ellos nos trajeron el dinero que todavía nos quedaba de nuestro velero, que papá les había dejado en Santiago. Respiramos aliviados.

Papá se puso a buscar trabajo enseguida. Al principio compraba algunas cosas y las revendía en las calles, de puerta en puerta. Eran unas carteras de plástico, saquitos y similares. En esa época había muchos vendedores ambulantes en las calles. Ya después de tres meses de estadía en el Hogar Croata, alquilamos un apartamento en la parte de la ciudad que se llamaba Los Chaguaramos. Papá compraba y revendía. Comenzamos a arreglar nuestro apartamento poco a poco. Primero compramos las camas, claro por cuotas. ¡Compramos cuatro camas, no literas! Papá fue a una calle cercana, Avenida Victoria, llena de tiendas y entró en una tienda de electrodomésticos. El dueño era italiano, y papá hablaba italiano. Tenía la intención de comprar un horno pequeño y un refrigerador pequeño, que era lo que más necesitábamos. Pero el italiano lo convenció de que comprara un horno más decente y un refrigerador más grande, que era indispensable en el clima tropical de Caracas. Le asignó pagos mensuales de 80 bolívares, moneda de Venezuela. Esa fue una compra a crédito, sin ninguna firma, nuevamente todo en confianza. Papá le pagaba algo más de esa cantidad, y ya en unos meses le pagó todo. Del mismo modo, papá pagaba muy rápida y responsablemente nuestra deuda a la señora Petrić, aunque ella siempre le decía que no se apurara. También los boletos de viaje se pagaron pronto.

A mamá le fue bien en el apartamento. Compró unos metros de la tela más barata que consiguió y cosió las cortinas para nuestras ventanas. Ella cocinaba comida barata, pero buena. Yo conseguí trabajo como mecanógrafa en una oficina en el centro de la ciudad, en una oficina grande, pero solo con dos espacios. Estaba formada por una oficina pequeña, donde trabajaba el dueño de la empresa, y una oficina grande con ocho escritorios, para el resto de los empleados. En el primer escritorio trabajaba nuestra jefa, la señora Gladys. Al lado de su escritorio estaba el mío. Luego, en la misma fila, estaban los escritorios de los otros seis empleados, que eran chicos jóvenes. Todos eran muy agradables. Se reían un poco cuando yo decía algo equivocado en mi modesto conocimiento del español. A mí eso no me molestaba. Yo les permitía que me corrigieran. El trabajo no me hacía feliz, pero yo trabajaba y callaba, sin pensarlo mucho. El sueldo no era muy bueno, pero todo entraba en nuestra caja familiar, que se llenaba bien. Mis padres me daban, de mi sueldo, 10 bolívares a la semana para el transporte de casa a la oficina y para una que otra cosita más. Trabajábamos en dos turnos, de 8 a 12 y de 14 a 18. Al mediodía iba a casa en autobús para almorzar y regresaba a la oficina inmediatamente después. Vivíamos bastante lejos del centro de la ciudad. Caracas era una ciudad enorme, que tenía alrededor de cuatro millones de habitantes. En los días lluviosos, mamá me preparaba una merienda para llevar conmigo y así evitar el viaje en autobús.

En la oficina se rumoreaba que la hija de nuestro jefe se iba a casar el próximo fin de semana. Solo dos de nuestros colegas fueron invitados a la boda. El lunes por la mañana, cuando algunos de nosotros ya estábamos sentados en nuestros escritorios y llegó el primer colega que estuvo en la boda, le preguntaron cómo era el novio. Lo primero que dijo fue: "¡blanco, blanco, blanco!" Entendí que el novio era una persona blanca, pero no entendía por qué era tan importante que fuera blanco. Quedé sorprendida con esa descripción. Esperaba una descripción de ese hombre completamente diferente. Más tarde comprendí que en Venezuela les gustan la gente blanca, y no los mestizos morenos, que eran la mayoría. Entonces sentí, por primera vez en mi vida, la discriminación a la gente por el color oscuro de su piel.

El trabajo me empezó a gustar. Mis colegas del curso de mecanografía en Santiago probablemente todavía estaban aprendiendo a mecanografiar, y yo tenía que aplicar en mi trabajo el pequeño conocimiento que había adquirido con ellos. Estaba escribiendo facturas, pedidos, recibos, y todos los formularios estándar posibles. Aquí ejercité lo que había aprendido en el curso de mecanografía en Chile. La señora Gladys me alababa constantemente y eso me motivaba. Comencé a pensar que esa podría ser la profesión de mi vida. Hasta empezaba a conformarme con la idea de que nunca podría ser profesora de inglés y comencé a aceptar ese destino. Me gustaba la mecanografía. Además de que, con el tiempo, aprendí a ser rápida en esa escritura, vi en ello todavía algunas otras ventajas. Por ejemplo, ese trabajo me ayudó en el aprendizaje del español y del inglés, porque escribía en esos dos idiomas. También, el hecho de estar rodeada ocho horas al día de personas que solamente hablaban español, apresuró mi aprendizaje de ese idioma. En esa oficina fue donde realmente comencé a hablar español. Por lo tanto, hubo muchas cosas positivas en eso.

Pronto comencé a tomar un curso de idioma español en una escuela cercana a mi oficina. En líneas generales, entrar en muy nueva vida fue rápido y fácil.

La vida en Caracas fue muy agradable ya desde el mismo comienzo. La gente de allá es muy alegre. Afortunadamente, con el tiempo nosotros nos impregnamos de su alegría, mientras que ellos no se impregnaron de nuestra seriedad. Además, ellos respetaban mucho a los extranjeros, especialmente a los europeos, porque tenían fama de ser trabajadores y honestos. Siempre prefirieron dar empleo a los extranjeros antes que a su propia gente, lo cual ciertamente no era lo correcto.

Así empezamos nuestra vida en Venezuela. Se abrían oportunidades para una vida mejor. Papá comenzó a trabajar en compra-venta de oro. Compraba relojes y joyas en Italia y los revendía en Venezuela. Mamá siguió siendo una cocinera excelente y no escatimó en comida buena. Yo conseguí un trabajo mejor en la empresa petrolera gracias a mi mediano conocimiento del idioma inglés. Mirko continuó sus estudios, ahora sin las interrupciones que tenía antes debido a las constantes mudanzas.

Foto 22: Mis padres en Caracas en 1958

Lucio, aquel amigo que viajó con nosotros a América y que desembarcó en Venezuela, y yo continuamos escribiéndonos, aunque no muy frecuentemente. Describíamos nuestras vidas en el nuevo país. Se alegró cuando le escribí desde Caracas. Él vivía en el interior de Venezuela. Todavía no se había casado con su novia, pero estaba preparando documentos para su boda. Unos meses después de nuestra llegada, cuando ya estábamos en nuestro apartamento, él vino a Caracas en un viaje de negocios y nos visitó. Recuerdo que nos trajo un chocolate fino en una caja muy hermosa. Para nosotros eso fue un verdadero lujo en ese momento. Nos alegró a todos con su visita, sobre todo a mis padres, que lo querían mucho. Esa fue una visita breve pero alegre.

En mayo de 1956 me llegó una carta de Šibenik. Mis amigas estaban celebrando su baile de graduación, un evento importante que marca el final de educación secundaria. Yo hubiera deseado estar con ellas y celebrar esa fecha importante. Otro de mis deseos no realizados.

Un año después de nuestra estadía en Caracas, mis dos hermanas de Pula, Zdenka y Smilja, lograron mudarse con nosotros. Así estábamos todos juntos de nuevo, excepto nuestra hermana Dolores, que se quedó en Sarajevo con su familia. Esa fue una gran alegría, por fin la familia numerosa estaba casi toda reunida.

Foto 23: Vlasta y Tonkica en el baile de graduación de secundaria en 1956.

Solo unos días después de su llegada a Caracas, era mi cumpleaños número 18 y lo celebramos todos juntos. Esa es la edad en la que una persona se convierte oficialmente en adulto. Subrayo oficialmente adulto, porque yo en realidad me convertí en adulta mucho antes, al igual que tantos otros jóvenes que no han sido mimados por la vida, sino por obligaciones y preocupaciones. En una vida normal, cuando eres un recién nacido estás en las manos de tus padres. Ellos deciden acerca de tu vida. Luego poco a poco comienzas a dar señales de tu personalidad, aún no formada suficientemente, y tu vida se construye con la ayuda de las decisiones y consejos de tus padres. Todas sus decisiones son bien intencionadas. Eso no quiere decir que todas sean acertadas. Pero la intención es buena. Entonces comienzas a incluir tus propias decisiones, expresar tus deseos, dirigir tu vida. Claro, básicamente siguiendo las instrucciones y consejos hasta entonces recibidos de tus padres, pero cambiándolos y, poco a poco, dirigiendo casi todos los pasos de tu vida. Ese es un camino largo. Eso es la madurez, que a mí me llegó mucho antes de mi cumpleaños 18, ya en mis años más tiernos, tal vez enseguida después de la salida de la patria. A veces las condiciones de vida aceleran la edad madura. Por tanto, yo no pude sentir ninguna diferencia en mi vida solo porque me convertí en adulta. Pero igual estaba feliz de tener 18 años.

Zdenka comenzó pronto a trabajar como enfermera graduada con un médico croata en Caracas. Smilja consiguió un trabajo después de algún tiempo como secretaria en una empresa.

Nos mudamos a un apartamento más cómodo, pero en la misma zona de la ciudad. Papá compró su segundo automóvil. ¡El primer automóvil lo había tenido en Split! Eso hizo que nuestra vida mejorara en una ciudad con alrededor de cuatro millones de habitantes. Solíamos ir a las playas, a unos 60 kilómetros de Caracas. Esas eran unas playas bonitas, pero playas de océano, no como las mansas playas del Adriático que yo añoraba. Venezuela tiene playas muy bellas y tranquilas, pero quedan lejos de la capital.

Foto 24: Mamá y papá con nuestro segundo automóvil.

Y así pasaba el tiempo en el país que se convirtió en mi segunda, muy querida patria. Aceptaba la vida tal como era. Yo estaba contenta. No tenía grandes deseos. Muchos de ellos los expresé solo en mi poesía. Allí fluían todas mis alegrías, mis tristezas, todos mis sentimientos. Aquí va un ejemplo:

DOS PATRIAS

En una patria vi la luz,
di mis pasos primeros,

viví las alegrías de la juventud,
entré en la vida. Hice mis esperanzas.

De repente la luz se apaga.
Me quedo dormida. Cuando me despierto,
hay una nueva vida para mí.
Nuevas esperanzas y nuevo hogar nacen.

Entonces mi cabeza da vueltas.
Mi razón busca la paz,
pero mi corazón confundido lucha.
Esos dos amores hacen que yo sufra.

Ambos son fuertes, salvajes, turbulentos,
llenos de pasión, alegría y suerte,
llenos de preocupaciones, dolores, tristezas.
Un solo corazón, pero son dos amores.

Pero, ese corazón mío
Siempre más fuerte temblaba,
Cuando mi pensamiento volaba
lejos, a mi Adriático querido.

Hubo una sola cosa que me atormentaba: no podría ser profesora en Šibenik, vivir allá modestamente en un apartamento pequeño con vista al mar, al Mar Adriático. Estaba convencida de que ese deseo mío nunca se haría realidad. Ese sueño no realizado estuvo constantemente presente en mis pensamientos.

FIN DE LA ADOLESCENCIA

Aquí termina el cuento de mi temprana juventud. He llegado al final de mi infancia y me paré en el umbral de mi vida de adulta, con todos los derechos y responsabilidades que trae la vida de una persona adulta.

Mi infancia estuvo llena de muchos eventos felices y otros no tan felices. Considero que seguramente todos ellos me han preparado para la siguiente fase de mi vida. Doy gracias a Dios por todo lo bueno que me ha dado. Siempre he creído que hay justicia en este mundo y esperaba menos desafíos difíciles y más eventos agradables en mi vida como persona adulta.

AGRADECIMIENTO Y PETICIÓN

Te agradezco una vez más, Dios
el bien que alimenta mi alma.
Y la tristeza, cuando viene de ti
dulcemente reside en mí.

Viví intensivamente. Aprendí a apreciar el cálido amor de mis padres. Aprendí a disfrutar de las pequeñas cosas que la vida nos ofrece, como, por ejemplo, disfrutar del olor a limón y disfrutar de un helado Banana Split.

Es obvio de esta historia mía que la etapa de mi infancia y adolescencia fue muy compleja. Tal vez también un poco difícil para esa edad. Esos no fueron años sin preocupaciones para una niña. Afortunadamente, incluso en los días difíciles, Dios nos trae un poco de sol, nos fortalece y nos prepara para la vida futura. Básicamente, esa no fue una infancia común. Hubo muchos desafíos que requirieron fuerza, voluntad, esfuerzo y perseverancia. Creo que maduré un poco antes que las jóvenes promedio. Algunos eventos me han fortalecido; tal vez me dieron la fuerza, el coraje y la combatividad, atípicos en la juventud. No tenía otra opción. Tal como lo dijo Bob Marley en una de sus frases célebres "Nunca sabes lo fuerte que eres, hasta que ser fuerte es tu única opción". Todos esos acontecimientos, desde los más difíciles a los más agradables, han enriquecido mi experiencia de vida.

Deseo que mi narración sirva de aliento y esperanza a todos los lectores, especialmente a los niños que crecen en condiciones difíciles. Deben tener fe en que el sol también saldrá para ellos y que alcanzarán sus metas. Como dice una canción dálmata: "Habrá felicidad, si Dios quiere!" También quisiera que su lucha en la vida les sirviera como una base buena y fuerte para las siguientes etapas en sus vidas.

Sería demasiado largo describir el posterior desarrollo de mi vida madura. Al final, sin embargo, quisiera satisfacer la posible curiosidad de mis lectores y amigos con algunos eventos significativos y privilegios que la vida me ha brindado más adelante en mi vida. Voy a enumerar solo algunos, que considero que son la consecuencia directa de mi infancia:

Me casé con Milan.

Traje al mundo tres hermosos hijos.

Dios me brindó buena salud y espíritu optimista.

Tengo algunas buenas amigas y amigos.

He visitado muchos países alrededor del mundo.

Admiré muchas bellezas naturales.

Logré convertirme en profesora de inglés e italiano.

Recibí una segunda patria como regalo.

En mis años maduros, ya jubilada, regresé a Croacia.

Vivo en un apartamento con vista al Mar Adriático.

Finalmente regresé a mi primera patria, que ha sido mi deseo durante muchos años. Estoy agradecida por todo lo que en mi vida me han brindado mis dos patrias y admiro eternamente sus bellezas.

REGRESO A LA PATRIA

Es de madrugada,
mi cuerpo descansado.
El viaje ya terminó,
día común, quizás.

Algo nuevo para mí.
Madrugada rara, de verano,
alegre, ruidosa, preciosa,
llena de olor a pino.

Mis ojos absorber quieren
el paisaje muy querido,
imágenes del pasado,
en mi corazón guardados.

Montaña bella, gris,
adornada con piedra viva,
el mar de color marino
todo es un poema.

Mi corazón late fuerte,
la suerte en mí vibra,
mis labios ríen alegres,

DOS BELLEZAS

El destino así lo quiso
que a tierra tropical yo vaya
llena de calor, de sol ardiente
tierra fértil, llena de belleza.

Cuando llueve de repente
a cántaros, el cielo se abre,
lluvia, cual río bravo
se lleva piedras y tierra.

Su naturaleza es preciosa,
sus árboles siempre verdes,
llenos de flores y de colores,
luz y sombra ofrecen.

El gran río Orinoco corre,
brinda su fuerza en el camino,
riega los campos y las orillas,
sin detenerse al mar se dirige.

Monte El Ávila mi ciudad protege
del viento, fuego y tormenta,
atento abre sus brazos grandes

mi cuerpo volar quiere.

En mi nace el deseo
que siga la madrugada,
que el día no la robe,
que su brillo sea eterno.

mientras mi ciudad duerme.

Cansada del sol tropical,
soñando con aguas mansas
a tierra vieja regreso
en otoño de mi vida.

Eh, la lluvia me persigue
una lluvia rara, distinta,
suave, agradable, larga
oscura, sin sol, sin brillo.

Los árboles saludan al cielo,
abajo las hojas coloridas
y esas piedras grises,
desafían la lluvia y el viento.

Las olas adornan la costa
el viento del sur las mueve
y Biokovo desde lo alto
calma los vientos del norte

Y ahora yo me pregunto
¿Cuál es más hermosa?
Ni más bella, ni más querida
solo diferentes son ellas.

ACERCA DE LA AUTORA

Anica Markov nació en Split. De niña se mudó con sus padres a Venezuela, donde residió 55 años. Cuando se jubiló volvió a Croacia en 2011.

Es profesora de inglés e italiano. Aunque vivió en Venezuela, estudió en la Facultad de Filosofía de la Universidad de Zagreb, Croacia. Se graduó en 1975. Recibió su maestría en Tecnología Educativa en la Universidad Central de Venezuela - UCV, en Caracas en 1988. Hizo estudios de especialización en Inglaterra (Universidades de Aston,

Birmingham y Lancaster), Canadá (Universidades de York y de Montreal), y Estados Unidos de América, ganadora del premio Fulbright (Universidad de Missouri, en Columbia, EE.UU). Fundadora y profesora de la Maestría de Inglés como Lengua Extranjera en la UCV. Investigadora en las áreas de lectura, diseño instruccional y la enseñanza del inglés con fines específicos. También fue profesora de Inglés Empresarial en la Universidad Metropolitana de Venezuela (1998-2004). Ha publicado artículos sobre ese tema en revistas profesionales. Como ponente participó en congresos profesionales en Venezuela, Croacia, Italia, Colombia y Argentina. Es coautora del libro *Estrategias para la lectura en inglés para educadores*.

Siempre fue activa en la organización de eventos culturales en la comunidad croata en Venezuela. Formó parte de una junta de cinco miembros que en el año 2000 fundó la Asociación Cultural de Damas Croatas de Venezuela, en la que fue presidenta durante dos mandatos, desde 2000 hasta 2006. En las instalaciones de esa Asociación se dictaban conferencias sobre diversos temas, las llamadas Tardes Culturales, en las que hablaron profesionales venezolanos de origen croata. Los temas fueron poesía, traducciones de poesía, psicología, Međugorje, proverbios, conciertos, medicina, veterinaria y películas. Después de las conferencias se realizaban fiestas folclóricas y banquetes con especialidades croatas. Los fundadores de esa Asociación en el año 2008 publicaron una recopilación de especialidades culinarias croatas en idioma español, titulada *Cocina Croata – Hrvatska kuhinja*. Ese libro está destinado a los descendientes y amigos de la comunidad croata en Venezuela, así como también en otros países de habla hispana.

Después de su regreso a Croacia, Anica continuó dedicándose a las siguientes actividades:

• Publicó la novela *Una Dálmata de dos continentes*, 2022.

• Escritura de un libro con proverbios en croata y en español, y su estudio comparativo que actualmente está en marcha.

• Traducciones profesionales del croata al inglés y al español.

• Escritura de poesía. Su colección de poemas más extensa está escrita en español, y una parte más pequeña en croata. Ha escrito también algunos poemas en inglés e italiano.

• Es miembro de la Asociación de Lírica Croata en el Extranjero – HIL (Udruga Hrvatske izvan-domovinske lirike) con sede en Nueva York, que agrupa a poetas amateurs croatas que viven en el extranjero, y escriben en lengua croata.

RESEÑAS

INOCENCIA Y ESPERANZA A PESAR DE TODAS LAS DESGRACIAS DE LA VIDA

Muchos escritores de hoy comienzan a escribir su primer libro temprano, y con la intención de mostrar sus habilidades de escritura, o exponer sus preocupaciones y miedos o descargar sus días y pensamientos. En realidad, hay cientos de motivos y razones por los cuales uno comienza a escribir. Y todos son diferentes. Así también en el caso de nuestra autora, Anica Markov, profesora universitaria jubilada, traductora y poeta, quien escribió su primer libro "*Una dálmata de dos continentes*".

¿Qué se esconde en este libro? Según el título, podría decirse que el mar, la socialización, sueños juveniles, etc. Pero no. La autora nos lo explica ya en el prólogo, donde dice que se trata de recuerdos atípicos para personas jóvenes. Y con eso ya crea una atmósfera de asombro y tensión, y luego atrae rápidamente a los lectores a los sucesos que comienzan a finales de los años treinta del siglo pasado en una familia acomodada en el centro de Split; en la familia donde la autora acababa de nacer como la cuarta hija, aunque el padre había deseado un varoncito durante mucho tiempo. Por eso la llamaron Yuyo. Pero nada es duradero o permanente en los tiempos previos al comienzo de la Segunda Guerra Mundial, y así la ciudad de Split es solo el punto de partida en su vida, como el puerto de donde zarpan los barcos hacia destinos lejanos y completamente desconocidos. Ya en su tercer año de vida comienza la primera mudanza familiar.

    La mudanza juega un papel muy significativo en este libro, ella es omnipresente, una parte integral de la vida de la autora y toda la familia, y tal como parece en los momentos tensos, esa es su única opción. Con el paso de los años, las mudanzas continúan de una ciudad a otra; primero de Split a Daruvar, luego Zagreb, Crikvenica, Betina en la isla de Murter, Šibenik y luego mucho más lejos - al mundo lejano. Imágenes de nuevas ciudades, nuevas experiencias, pensamientos y sentimientos, como postales reemplazan los anteriores, y el apodo Yuyo se olvidó hace mucho tiempo y la autora solo lleva el nombre Anica que le dieron por la madre de su papá, de la isla de Murter.

    Mientras vivía en Zagreb cuando tenía cinco años, recuerda los primeros bombardeos, el correr y esconderse en sótanos y las advertencias de los adultos sobre los peligros que acechan desde el aire, pero también las primeras salidas al teatro y representaciones teatrales que sus hermanas y ella hacían en el patio de su casa, en la terraza encima del garaje. Entonces nació el quinto bebé, el hermano Mirko y el primer varón en la familia. Durante la estadía de la familia en

Crikvenica en 1945, el padre termina en prisión de Fužine, en la región de Gorski Kotar, y la madre se entera de que su casa en Split, con dos apartamentos, fue confiscada, la ocuparon dos oficiales. La misma suerte corrieron sus dos tiendas, una de zapatos y la otra de telas. La madre con cinco hijos menores apenas sobrevive y por falta de pago les cortan la electricidad, cuando estaban ya en Šibenik en 1948, en un cuarto pequeño, donde viven los seis. En este libro, que está muy lleno de altibajos, somos testigos todo el tiempo de un coraje y un espíritu de lucha increíbles de todos los miembros de la familia, sobre todo de la madre, a quien el régimen (comunista) de la época excluyó de la sociedad y la dejó varada, mientras que a su esposo y el cabeza de la familia, lo dejaron preso en la cárcel durante años sin acusaciones, confirmaciones, evidencias... "¡Si en media hora la electricidad no vuelve a nuestra casa, usted mañana será un hombre muerto!" le dijo su madre al director de la empresa de electricidad en Šibenik y la electricidad volvió.

A fines de 1953 el padre regresa de la prisión, porque fue confirmado que él no era un especulador de la guerra. Si los lectores jóvenes esperan ahora quizás una continuación de la vida un poco más feliz, se sorprenderán. Solo para aquellos un poco mayores estos recuerdos de la autora no serán tan inconcebibles, porque ellos conocen mejor este tema, la lucha contra los "oponentes" ideológicos, con la cual el Partido atacaba no solo sus disidentes, sino también todos aquellos que no encajaban en el marco estricto del partido... Aquí sería conveniente recordar por un momento a un conocido conciudadano de nuestra autora de raíces de Split, un emigrante croata, historiador e intelectual, Bogdan Radica y su libro *Croacia 1945*, quien volvió de América justamente ese año, y emigró a América de nuevo el año siguiente, 1946. Él escribe en su libro sobre esa época con las siguientes palabras: "Cada noche desaparecían los ciudadanos mas destacados, y otros se escondían y susurraban detrás de las cortinas bajadas..."

Pero, ni siquiera la salida de la prisión garantizaba al padre de la autora el perdón, inocencia y otros derechos civiles perdidos, porque él ya no logra conseguir trabajo en ninguna parte. A partir de ahora los lectores, junto con la autora y su familia de siete miembros, buscarán cualquier salida de esa situación familiar muy difícil, del destino lleno de incertidumbres, sufrimientos, miedos, como un *drama* verdadero. Porque, con el paso de los años, la vida en la familia Markov se vuelve más difícil, y por eso ellos se preparan para una *salida ilegal a Italia*. Todo eso es a la vez una de las razones por las que este libro es tenso de leer desde el mismo principio hasta el final, a pesar de que estoy muy consciente de que cada lector lo vivirá de manera diferente.

¿Acaso alguien en esa época difícil le pidió alguna opinión a la joven que ahora tiene ya dieciseis años, y es estudiante de secundaria de Šibenik? Ni de casualidad. Y justo en ese momento ella está muy conmocionada porque su mundo interior se derrumba por los preparativos secretos para la huida, abandono para siempre del ambiente conocido, la escuela y los amigos cercanos. Pero en esos momentos ella no tiene a nadie en este mundo que la escuche. Apenas hoy nuestros lectores pueden enterarse a través de este libro, de su vida turbulenta y extremadamente tensa "de primera mano", pero a distancia enorme, y eso ¡más de medio siglo! Porque tampoco Italia era el final de las mudanzas y viajes y, por lo tanto, su última parada, sino que el destino conduce a esta familia croata hasta América del Sur: primero a Chile, luego a Venezuela. Y así el lector se ve obligado a estar al lado de la autora constantemente, en la incertidumbre por los caminos, por los mares y océanos, de página en página, seguir sus descripciones de nuevos eventos, impresiones, pensamientos, personas e imágenes, que daban vueltas ante sus ojos y quedaron impresos para siempre en el corazón de la niña, y luego adolescente, a quien le encantaba ir a la escuela y estudiar, que incluso esperaba ansiosamente el lunes; una adolescente que una gran parte de su vida tuvo que mantener bajo llave todos sus sueños y a quien el comienzo de la vida le ha quitado, negado y robado muchas cosas. Todos esos estados de ánimo y momentos difíciles se le incrustaron como una espada profundamente en su corazón y alma y apenas ahora se asoman. No por miedo o necesidad de atención, sino por un simple deseo humano de compartir con alguien su historia, y sobre todo con generaciones jóvenes de croatas que hoy viven en seguridad, libertad y abundancia.

Esta historia real se cuenta en pocas páginas. Pero con mucha destreza y con el arte de contar historias. También es increíble la dosis de consideración y atención con la cual la autora habla de todas las personas que ha conocido en su vida, no importa cómo eran ellos, malos o buenos, tacaños o no, sospechosos o confidenciales, críticos o suaves, de modo que el libro *Una dálmata de dos continentes* nos trae una nueva luz en este tipo de obra autobiográfica con temas históricos y de vida, muy difíciles. Entre otras cosas, se trata también del tema de emigrantes, pero en el cual, con su estilo suave de contar historias, la autora trae la brisa, a pesar de todos los ventarrones y tempestades. Este libro seguramente cautiva al lector más con una inmensa esperanza de un mañana mejor, la inocencia y la paz, así como también los pequeños detalles y alegrías que la autora siente y observa a su alrededor. Ese es probablemente aquel momento o *sabor* en este libro, que no encontramos muy a menudo (o casi nunca) en la literatura croata con temas emigrantes y disidentes, y en la que están representados mayormente, autores masculinos, y aquellos que son más proclives a discursos oscuros y críticas. Es por eso que este texto se lee más fácil y agradablemente.

Y si entre líneas leemos atentamente también los pensamientos ocultos y sueños, podemos esperar con placer la continuación de esta confesión. Porque este no es un libro que solo leemos y olvidamos, sino que pensamos sobre él durante mucho tiempo, escuchando un idioma desconocido a nuestro alrededor, sentados junto con la autora en algún lugar en algún rincón de la habitación en un mundo lejano y desconocido, en un nuevo país y ciudad, que por obra del destino se convirtió en un anfitrión mejor que su propia patria.

München, 07 de octubre, 2021
Nela Stipančić Radonić, escritora

UNA DÁLMATA DE DOS CONTINENTES
ANICA MARKOV
LA VIDA EN DOS CONTINENTES

Después de la Segunda Guerra Mundial muchos croatas tuvieron que huir de los llamados libertadores: por razones políticas, religiosas y económicas y (o) solo porque eran croatas. Sacerdotes croatas, intelectuales y empresarios fueron atacados especialmente.

La familia de Anica Markov vivía en el centro de Split, y ella nació en el primer piso de una casa de dos pisos. Eran una familia acomodada, porque su padre era un empresario exitoso, pero un hombre muy modesto, honesto y patriota.

Enseguida después del prólogo de este interesante libro biográfico de una joven dálmata, ya en el primer capítulo, la autora sigue un relato cronológico de su vida de infancia: desde su nacimiento hasta la mayoría de edad. Así nos enteramos de que nació el 19 de septiembre de 1938, como cuarta hija, aunque sus padres deseaban desesperadamente un hijo varón. Era el tiempo en víspera de la próxima Segunda Guerra

Mundial. Y en vez de un juego infantil despreocupado y un crecimiento tranquilo en la ciudad bajo el monte de Marjan, Anica tuvo que mudarse a menudo, con su familia, a diferentes partes de Croacia, Italia y América del Sur... Tenía apenas tres años cuando comenzó su primera mudanza, porque su padre no quería vivir en Split, que estaba entonces bajo la ocupación italiana, sino que se mudó con la familia a Daruvar, a la "Croacia croata", donde la familia aumentó con un miembro más, para deleite de todos, y especialmente de los padres, que dieron bienvenida al nacimiento de su tan esperado hijo varón. Le pusieron el nombre Mirko. Después de dos años (1943) vividos en Daruvar, siguió una nueva mudanza a Zagreb, la capital de Croacia, y luego nuevamente, al final de la sangrienta guerra (Segunda Guerra Mundial), a mediados de 1945, desde Zagreb a Crikvenica, donde su padre terminó en prisión.

Siguieron nuevos traumas: la mudanza a Betina, en la isla de Murter, pueblo natal de su madre e isla natal de su padre (el pueblo de Murter en la isla del mismo nombre).

Y mientras el cabeza de la familia estaba preso inocente en Fužine, la madre de Anica, con cinco hijos menores de edad, navegaba por los inquietos e inseguros mares de la vida. Su siguiente destino fue Šibenik, donde los hijos continuaron sus estudios, y la madre consiguió un trabajo en la cocina de la escuela, como jefe. Eso fue en vísperas del comienzo del año escolar 1949. El padre volvió de la prisión apenas en el año 1953, y la niña Anica está creciendo poco a poco y ya comienza a darse cuenta de todos los problemas que sufren sus padres.

Con la infame llamada confiscación de posguerra, les fue confiscada la casa familiar y dos tiendas, de zapatos y de telas, sin derecho a explicación, indemnización, apelación...

Y mientras las hermanas mayores (Dolores y Zdenka) después de graduarse en la Escuela Secundaria de Medicina se mudaron a Istria, donde consiguieron trabajo, el resto de la familia (padre, madre y tres hijos) apenas lograba tener las necesidades básicas para la vida. El padre ni siquiera pudo conseguir un trabajo en Šibenik, porque todos tenían miedo de darle empleo a un ex prisionero, y no pudo aguantar esa injusticia. Entonces, el 15 de mayo de 1954 dijo estas impactantes palabras en su familia:

"Hijos, nosotros huiremos, emigraremos. Acá no hay vida para nosotros..."

Anica ya está acostumbrada a las aventuras infantiles y socializar con sus coetáneos dentro y fuera de la escuela, bromas imaginativas, crecer con clases de idiomas extranjeros, aprender a manejar velero... En pocas palabras, comenzó a aceptar la vida, tal como es. Ya no quería, y tampoco estaba preparada para nuevas mudanzas. Las palabras de su padre la perturbaron profundamente, pero tenía mucha confianza en él y sabía que tenían que seguirlo, porque él siempre fue fuerte, que luchaba por su familia, como un verdadero *pater familias* - el cabeza de la familia.

Pero eso no fue sencillo. El primer intento de huida, con el velero de su padre desde Šibenik hasta la costa italiana, fracasó. La razón de eso fueron las condiciones climáticas desfavorables. Tuvieron que volver. Entre tanto su madre y los tres hijos obtuvieron pasaportes, pero el padre no, así que se pasó a la opción b: ellos cuatro viajarán "a visitar a la tía Nevenka en Milán, Italia", y el padre tratará posteriormente de huir con su velero y allí se unirá a ellos. En Italia han vivido una serie de inconvenientes e incertidumbres: la tía Nevenka los recibió con mucha frialdad, poco después llegaron al campo de refugiados cerca de Roma, la hermana Smilja decidió dejarlos e irse a Croacia donde su hermana Zdenka en Pula, todos los días esperaban para ver si su padre lograría llegar con su velero hasta la costa italiana y unirse a ellos. Anica ha vivido con esa esperanza desde que llegó al campo en septiembre de 1954.

Anica describió de una manera muy bonita la peregrinación a Roma, donde, en la Plaza de San Pedro, Papa Pio XII celebró la santa misa. Ella rezó por la llegada de su padre, y nuestros peregrinos cantaron con alegría canciones croatas en el autobús.

Su oración fue escuchada por el Supremo Salvador, porque su padre inesperadamente apareció en el campo justo ese día, y les contó una conmovedora y dramática historia mientras navegaba hacia la costa italiana. Pero el cabeza de familia no quiso perder el tiempo y esperar a emigrar en algunas "tierras prometidas" al otro lado del océano, sino que decidió ya el 18 de junio de 1955 viajar con su familia desde Nápoles en barco hasta Chile. En Chile les fue muy difícil. Dos meses después de su estadía en Santiago, la capital, a mediados de septiembre de 1955, Anica celebró su cumpleaños diecisiete, muy modestamente, y como regalo recibió solo un fino jabón con olor a limón. Desde entonces le encanta ese olor, algo así como la galleta madeleine y el té de Proust, de la obra Combray (la primera de las tres obras *Camino hacia Swan*, que forma parte del ciclo de la novela *En búsqueda del tiempo perdido*). A menudo estaba desnutrida, por lo que su padre decidió muy rápidamente abandonar a Chile y navegar a Venezuela. Ya contactó a su amigo Adolfo, de su época de estudiante, quien vive allí con su familia y ellos los ayudarán.

Antes de esa mudanza había que resolver y superar aún una serie de barreras, que estaban en el camino hacia la última, final determinante de la vida: Venezuela.

Así, todos tuvieron que sacarse sangre en un hospital para obtener el certificado de salud. Anica se sintió mal, porque estaba débil y hambrienta. Se desmayó. Sus padres le ayudaron a llegar a casa. Para fortalecerla le prepararon compota de manzana y vino, en el que mojaba el pan. Entonces ella se prometió a sí misma que nunca más volvería a tener hambre. Otro obstáculo fue la falta de dinero para los boletos de viaje de todos los miembros de la familia, y decidieron que primero viajarían ella y el padre, quienes desde Venezuela proporcionarían dinero para el viaje de su madre y hermano. El tercer obstáculo era que ni Anica ni su padre tenían pasaportes, porque ellos llegaron a Chile como apátridas (ciudadanos sin nacionalidad). Pero su padre resolvió ese problema también y obtuvo pasaportes para todos como apátridas. Mientras tanto también recibieron los certificados de salud, de modo que ellos dos viajaron a Venezuela a mediados de octubre de 1955. Nuevamente pasaron por los mismos puertos: Callao en Perú, Guayaquil en Ecuador, Buenaventura en Colombia, el Canal de Panamá, el Mar Caribe (Cartagena) y finalmente su último destino, el puerto de La Guayra, de donde se dirigieron en autobús a Caracas, la capital de Venezuela.

Como les quedaban solo seis dólares cuando llegaron a Caracas, solo preguntaron cuál autobús conducía hasta el Hogar Croata, pero no entraban en el autobús, sino que caminaban siguiendo el autobús. Sus compatriotas, los croatas, fueron muy hospitalarios, así después de años de viajes e incertidumbres se sintieron seguros, bienvenidos y queridos.

Les compraron boletos de viaje para mamá y Mirko, que ellos pagarán cuando puedan, pero sin ninguna firma por la deuda. Todo en confianza. Gracias a eso, ya en noviembre, es decir en solo un mes, ellos también llegaron a Venezuela.

Son muy hermosas e instructivas las frases de Anica, que fueron también el punto de inflexión en su duro crecimiento en la pobreza, en las numerosas mudanzas e incertidumbres en su vida hasta entonces en dos continentes: "La gente de allá es muy alegre. Por suerte con el tiempo nosotros adoptamos su alegría, y ellos no se impregnaron de nuestra seriedad."

Después de un año de estadía en Venezuela se les unieron las dos hermanas de Pula, Zdenka y Smilja, y juntos celebraron el cumpleaños dieciocho de Anica. Solo faltó la hermana Dolores, que se había quedado a vivir en Sarajevo con su familia.

Aunque Venezuela es su destino y su refugio final y su nueva patria, Anica nunca dejó de pensar en su tierra natal y las bellezas de su Croacia natal.

En esa época Caracas tenía alrededor de cuatro millones de habitantes, y ellos viajaban con el automóvil de su padre unos sesenta kilómetros hasta las playas del océano, que no le parecían mansas y hermosas como las nuestras, del Adriático.

Anica vivió intensivamente también hasta su mayoría de edad, madurando mucho más rápido que sus coetáneos, que no tenían que mudarse a menudo y vivir la vida llena de incertidumbres, pobreza, inseguridad y expectativas y eso en dos continentes, llevando en sí sus dos patrias y viviendo con ellas, y en ellas sus alegrías y penurias. Y con sus estudios, especialmente de idiomas extranjeros, su preparación y trabajo de mecanografía y otras obligaciones que tenía, daba su contribución a la familia, donde hubo respeto mutuo, apoyo y unión. Ella apreciaba mucho el amor y la crianza de sus padres, quienes fueron sus estrellas guías. Aprendió a alegrarse con cosas pequeñas, como el olor a limón y el helado Banana split.

Pero Anica no llora, y no lamenta, y no busca (a lo Proust)

el tiempo perdido, es decir, una infancia perdida. Al contrario. Su infancia espinosa y crecimiento difícil la fortalecieron. Por eso cita los pensamientos del gran cantante y escritor jamaiquino Bob Marley: "Nunca sabes lo fuerte que eres, hasta que ser fuerte es tu única opción."

Al final de este valioso texto, escrito por la pluma de una mujer dálmata, de expresión plástica y clara, sin falso patetismo y ornamentación, en la última parte titulada *Fin de la adolescencia*, la autora concluye su cuento autobiográfico con un poema en prosa abreviado. Tal vez solo casualmente, o tal vez inconscientemente, sus últimas frases en la novela, las he experimentado como una canción hermosa e instructiva.

Me casé con Milan.

Traje al mundo tres hermosos hijos.

Dios me brindó buena salud y espíritu optimista.

Tengo algunas buenas amigas y amigos.

He visitado muchos países alrededor del mundo.

Admiré muchas bellezas naturales.

Logré convertirme en profesora de inglés e italiano.

Recibí una segunda patria como regalo.

En mis años maduros, ya jubilada,

regresé a

Croacia.

Vivo en un apartamento con vista

al Mar Adriático.

Esta novela de una orgullosa dálmata es una contribución a la literatura croata reciente. De ella se puede aprender mucho especialmente sobre: el amor por la familia, patriotismo, historia, geografía, psicología, sociologia y filosofía de la resistencia humana. Solo hay que saber navegar con la autora y su obra a través de las profundidades de las tormentas de la vida hasta el regreso a las bahías mansas y fértiles del Adriatico. Creo que esta novela será reconocida tanto por los editores como por los lectores, si la leen y releen, como la leyó una y otra vez el firmante de estas líneas todavía en el manuscrito. Bienvenida, Anica, orgullosa dálmata y croata, a la tierra de tu padre y tu madre.

Ante Nadomir Tadić Šutra, escritor
En Knin, 8 de octubre de 2021

Made in United States
Orlando, FL
03 August 2024